新中国印记丛书

JUBIAN

SHI ZHONGQUAN

TAN XINZHONGGUO

DE FAZHAN

石仲泉

著

巨变

石仲泉谈新中国的发展

广西人民出版社

图书在版编目（CIP）数据

巨变：石仲泉谈新中国的发展 / 石仲泉著 . — 南宁：广西人民出版社，2021.1

（新中国印记丛书）

ISBN 978-7-219-11096-6

Ⅰ . ①巨… Ⅱ . ①石… Ⅲ . ①中国特色社会主义—社会主义建设—文集 Ⅳ . ① D616-53

中国版本图书馆 CIP 数据核字（2020）第 190381 号

策　　划	温六零
特约策划	刘敬文
特约编辑	郑宁波
责任编辑	唐柳娜
责任校对	周月华　蒋倩华　李新楠
书籍设计	刘瑞锋（广大迅风艺术）
责任排版	潘艳营

出版发行	广西人民出版社
社　　址	广西南宁市桂春路 6 号
邮　　编	530021
印　　刷	广西民族印刷包装集团有限公司
开　　本	787mm×1092mm　1 / 16
印　　张	13.25
字　　数	172 千字
版　　次	2021 年 1 月　第 1 版
印　　次	2021 年 1 月　第 1 次印刷
书　　号	ISBN 978-7-219-11096-6
定　　价	39.80 元

人生七十是件大事，我们生于斯、长于斯的中华人民共和国七十华诞同样是中华民族历史上的大喜事。广西人民出版社让我从这些年的著述中挑选出讲新中国发展的若干文章结集出版，作为向我们伟大祖国从站起来、富起来，到今天走向强起来，致以崇高敬意的表示。

事非经过不知难。70年前积贫积弱、一穷二白。70年艰辛探索、艰苦奋斗、艰难创业，中国终于成为世界上第二大经济体，为全球经济发展的贡献率超过30％。这是多么巨大的变化啊！实事求是地宣传一番，热热闹闹地庆祝一番，深入反思地总结一番，乃人之常情，史之惯例，国之礼仪，民之心向。"磨刀不误砍柴工"，不忘初心、牢记使命，继续奋斗！

在我的博士生郑宁波的大力帮助下，我选了10多篇文章，分4个部分，大致能反映新中国70年的全貌和各个时期的特点。这本小书中有的论述难免有历史痕迹，但我相信一些重要观点、历史梳理、理论分析，还是能获得读者们的认同的。它们对读者科学认识、正确把握新中国的历史发展会有所裨益。

　　八十老者无所求，布道说史余与谋。衷心欢迎广大读者对这本小书提出宝贵意见。

石仲泉

2019 年 8 月 10 日

目录

第二篇　社会主义革命和建设时期

第三篇　改革开放新时期

哲学的"核爆炸"和"核动力"
——纪念真理标准讨论 30 周年

改革开放是中华民族伟大复兴的必由之路

中国特色社会主义制度是如何建立的?

"伟大的试验":改革开放新时期
——从马克思主义中国化的视角来看

第四篇　中国特色社会主义新时代

党的指导思想马克思主义中国化的又一次飞跃

中国梦：习近平治国理政新思想的伟大引擎

中国走近世界舞台中央
——中国特色社会主义进入新时代

第一篇

总论

新中国的历史发展 50 年①

在我们中华民族 5000 年文明历史的悠悠长河中，新中国成立后的 50 年，可谓"弹指一挥间"，但是，这段在民族文明史上仅占约百分之一的岁月，却使作为这个民族载体的神州大地发生了翻天覆地的变化，再铸了我们这个民族的盛世辉煌。在迎接新中国成立 50 周年大庆之际，回顾半个世纪的历史发展，展望中华人民共和国在即将到来的新世纪的前景，不能不成为我们党史工作者的庄严责任。

一、新中国 50 年及其历史分期

中国经历了 2000 多年的封建社会。这 2000 多年的封建生产方式，一方面，使我们这个国家成为创造过灿烂古代文明的泱泱大国；另一方面，又使我们这个国家到近代走向了贫弱。1840 年的鸦片战争，揭开了中国沦为半殖民地半封建社会的历史。帝国主义列强一次又一次地侵略和欺凌，使中华民族蒙受巨大屈辱；封建反动统治者的腐败无能，使国家濒临灭亡。为了救亡图存，改变苦难中国的命运，100 多年来，一代又一代中国人，奋发图强，砥砺前行，不怕流血牺牲，前仆后继，英勇奋斗。孙中山领导的辛亥革命，推翻了统治中国 2000 多

---

① 这是 1999 年作者为庆祝新中国成立 50 周年而写的一篇文章。

年的君主专制制度。中国共产党领导的新民主主义革命，经过28年艰苦卓绝的斗争，终于推翻了压在中国人民头上的帝国主义、封建主义和官僚资本主义三座大山，在1949年建立了中华人民共和国，开辟了中国历史的新纪元。

新中国成立后的50年，从根本上说，是使国家走向繁荣富强和人民走向共同富裕的50年。

中国共产党是一个全心全意为人民谋利益的党。怎样实现国家繁荣富强和人民共同富裕，中国共产党一直在为此进行着艰辛的探索。在中国，如同不能由资产阶级领导革命解决民族独立和人民解放问题一样，也不能通过走资本主义道路来解决国家的繁荣富强和人民的共同富裕问题。"只有社会主义才能救中国"，这是中国人民在获得解放之后所作的理论的和实践的选择。但是，在中国这样一个有着两千多年封建历史，近代又是半殖民地半封建社会，且人口众多的东方大国，建设社会主义是一件十分艰难的事情，所遇到的困难比预先想到的要大得多。执政的中国共产党对于"什么是社会主义"和"怎样建设社会主义"的问题，在一段时间的指导思想上并不十分清楚，甚至步入误区。这样，在新中国发展的50年内就有了一段曲折的经历。

这段曲折经历，主要发生在新中国成立到党的十一届三中全会前的29年里，即中国共产党领导中国建设社会主义的前期。对这29年也要作具体分析，各个历史阶段的情况很不一样。最初8年的发展甚为顺利，而1957年反右派斗争以后的历史道路比较坎坷。在这29年里，一方面，初步建立起了社会主义基本制度，把一个半殖民地半封建的旧中国变成了独立的人民当家作主的社会主义新中国，开始有了自己的工业体系和国民经济体系，在国际社会中的地位空前提高。另一方面，犯过两次严重的错误，社会主义事业遭到严重挫折。一次是1958年开始的三年"大跃进"和人民公社化运动，给国民经济和人民生活带来三年严重困难。再就是 1966 年到 1976 年的"文化大革命"，造成十年严重灾难。1976 年 10 月粉碎"四人帮"的伟大胜利，事实上结束了"文化大革命"。但由于"两个凡是"指导思想的影响，还经历了两年徘徊。邓小平回顾这段历史时指出："头八年好，后十年也好，当中那些年受到'左'的干扰，情况不大好。"① "从一九五八年到一九七八年二十年时间，实际上处于停滞和徘徊的状态，国家的经济和人民的生活没有得到多大的发展和提高。"② 这是新中国发展的第一个阶段。

新中国 50 年历史发展的第二阶段，是 1978 年 12 月召开的党的十一届三中全会以来的 21 年。这是党领导的建设社会主义的新时期。这 20 多年的发展总的来说是比较顺利的。在党的十一届三中全会实现党的思想路线、政治路线和组织路线的拨乱反正，从以阶级斗争为纲转变到以经济建设为中心，从僵化半僵化转变到各方面改革，从封闭半封闭转变到对外开放之后，全党上下一致，同心协力，在坚持四项基本原则的基础上搞改革，搞开放，调动一切积极因素发展生产力，推动社会的全面进步。从此，改革开放和社会主义现代化建设成为我国历史发展的最引人注目的时代内容。在新时期，我们党继承过去积累的一切好的和比较好的经验，纠正长期犯的"左"的错误，面对新情况，研究新问题，在实践中开辟了一条建设有中国特色的社会主义道路。同时在理论上，继承毛泽东思想的科学体系，纠正毛泽东的晚年错误，把马克思列宁主义同当代中国实际和时代特征相结合，总结改革开放和社会主义现代化建设的新经验，创立了被称之为当代中国马克思主义的邓小平理论——建设有中国特色社会主义理论。因此，党

① 《邓小平文选》第三卷，人民出版社，1993，第 260 页。
② 《邓小平文选》第三卷，人民出版社，1993，第 237 页。

的十一届三中全会以来的 21 年，我国社会主义事业在各个方面都取得了远远超过前 29 年的成就。

对新时期以来的成就，江泽民在 1998 年纪念党的十一届三中全会 20 周年大会上的讲话中作了总结。他说："十一届三中全会以来的二十年，是我们党团结和带领全国各族人民，解放思想、实事求是，同心同德、锐意进取，进行建设有中国特色社会主义的历史性创造活动的二十年。二十年来，在建国以后取得的重大成就的基础上，我们又取得举世瞩目的巨大成就。"同时，他从政治制度、经济制度、对外开放格局、综合国力和人民生活水平、民主法制建设、精神文明建设、恢复对香港行使主权、军队和国防建设、外交工作和国际影响、党的建设等十个方面作了具体论述。江泽民的讲话，可以看作是对新中国历史进程的第二阶段的基本评价。

在这里，新中国成立后的 50 年是以党的十一届三中全会作界限划分为前后两个大的历史阶段的。这涉及对新中国成立后的党史、共和国的历史如何断代、分期的问题。目前党史界对此有两种不同意见。一种意见认为，历史分期的界限应当是 1976 年 10 月粉碎"四人帮"。这种意见的主要根据，是因为 1981 年通过的《关于建国以来党的若干历史问题的决议》（简称《决议》）上说过："一九七六年十月粉碎江青反革命集团的胜利，从危难中挽救了党，挽救了革命，使我们的国家进入了新的历史发展时期。"另一种意见认为，应当以党的十一届三中全会作为划分历史界限的标志。这在上述《决议》里也有根据。《决议》说："一九七八年十二月召开的十一届三中全会，是建国以来我党历史上具有深远意义的伟大转折。"这个"具有重大意义的转变，标志着党重新确立了马克思主义的思想路线、政治路线和组织路线"，"使我们的国家在经济上和政治上都出现了很好的形势"。我个人是赞同后一种意见的。这里，既有对《决议》那段论述如何全面、完整、准确地领会的问题，更重要的，是要坚持以历史的发展实际作为划分历史界限的根本标准、最高标准的问题。

为什么要以 1978 年底党的十一届三中全会为标志，而不是以 1976 年 10 月粉碎"四人帮"为标志，将新中国成立后的 50 年的历史划分为两个大的阶段呢？我认为可以从以下几个方面来认识：

第一，后来的历史发展是以党的十一届三中全会制定的路线和政策来展开的，而不是以此前的路线和政策来展开的。以什么事件作为划分历史时期的标志，最根本的是看它对历史发展的实际影响。构成新时期历史的主要内容和决定新时期历史发展的实际走向的，是党的十一届三中全会所提出的改革开放的路线和政策，或者说是十一届三中全会所实现的党的路线的根本转变，并在不久后形成了党在现阶段的基本路线的基本思想。正是党在现阶段的"一个中心、两个基本点"的基本路线，成为新时期的历史主题，而它的历史起点只能是党的十一届三中全会。

为什么不能以 1976 年 10 月粉碎"四人帮"作为新时期的历史起点呢？粉碎"四人帮"的胜利，本来应该成为历史的伟大转折。那时，凡是经历过"文化大革命"的人们，都在得知粉碎"四人帮"的消息之后，欣喜若狂。人们自发地走上街头，载歌载舞，欢庆胜利，多么希望中国的历史能够尽快地掀开新的一页！但是没过多久，人们失望了。国家变化之缓慢，历史前进之艰难，让遭受 10 年灾难的人民的企盼未能马上实现。短时间内，一些重大决策违背人民意愿，广大党员、干部和群众有一种压抑感。所有这一切，都由于当时搞"两个凡是"，奉行"左"的方针政策。集中表现就是在党的十一大继续肯定无产阶级专政下继续革命的理论和"文化大革命"的实践。按照这一套，就不可能有改革开放，不可能实现党的工作重点的转移，真正实行以经济建设为中心，也就是说，不可能有后来历史的实际发展。正因为党的十一大坚持"左"的路线，才有后来的党的十一届三中全会来改变和否定它。因此，不是不希望 1976 年 10 月成为新时期的历史起点，而是这之后奉行的路线使它没能成为新时期的历史起点。

第二，作为新时期改革开放和社会主义现代化建设总设计师的邓小平，很早就指出了要以党的十一届三中全会作为新时期历史的起点。1979 年 3 月，邓小平在《坚持四项基本原则》讲话中，谈到粉碎"四人帮"两年后的历史时指出：党的十一届三中全会"使全党有可能把工作着重点从今年起转移到社会主义现代化建设上来。这是我国历史上的一个伟大的转折。虽然过去我们已经进行了多年的社会主义建设，但是我们仍然有足够的理由说，这是一个新的历史发展阶段的开端"[①]。1983 年 11 月，他在会见澳大利亚外宾时说："我们真正的转折点是一九七八年底召开的十一届三中全会。三中全会制定了新的纲领、方针和政策，制定了新的思想路线、政治路线和组织路线。"[②] 1984 年 10 月，他同德国外宾谈话时说："中国现在发生的变化主要是从一九七八年底开始的，我指的是我们党的十一届三中全会。那次全会总结了历史经验，决定了一系列拨乱反正的政策。"[③] 1986 年 4 月，他同南斯拉夫外宾谈话时指出："'文化大革命'结束以后，我们冷静地估计了形势，考虑今后的路怎么走。界限的划分是我们党的十一届三中全会，这次会议确定了一系列新的方针和政策。"[④] 1987 年 4 月，他会见西班牙外宾时说："粉碎'四人帮'之初，'左'的错误没有完全纠正。一九七七年和一九七八年，中国还处于徘徊状态。直到一九七八年底我们党的十一届三中全会，非常严肃和认真地总结了建国后的近三十

---

①　《邓小平文选》第二卷，人民出版社，1994，第 159 页。
②　《邓小平思想年谱》(1975—1997)，中央文献出版社，1998，第 270 页。
③　《邓小平文选》第三卷，人民出版社，1993，第 81 页。
④　《邓小平文选》第三卷，人民出版社，1993，第 157 页。

年的经验。在这个基础上，我们提出了现在的一系列政策，主要是改革和开放，对内改革和对外开放；提出了我们的根本路线，就是把工作重点转到建设上来，不受任何干扰，一心一意、坚定不移地搞社会主义现代化建设。"① "实践证明这些方针政策是正确的。"② 这些论述充分证明了邓小平坚持将党的十一届三中全会作为划分历史界限的标志的一贯性、执着性和鲜明性。

第三，作为党的第三代领导核心的江泽民，认为党的十一届三中全会是新中国成立以来历史划分的界限，并一直将它看作社会主义新时期的历史起点。1989 年 9 月底，江泽民担任中国共产党中央委员会总书记后不久，在庆祝新中国成立 40 周年的讲话中指出："十一届三中全会以后，我们党把改革开放纳入党的基本路线，开创了我国社会主义事业发展的崭新局面。"③ 1990 年 6 月，他说："十一届三中全会以后，我国进入了以社会主义现代化建设为中心的新的历史时期。"④ 1992 年 10 月，他在党的十四大政治报告中进一步指出："一九七八年召开的十一届三中全会和全会形成的以邓小平同志为核心的中央领导集体，承担起艰巨的使命，实现了伟大的历史性转折，开创了我国社会主义事业发展的新时期。"⑤ 1993 年 3 月，江泽民在当选国家主席时发表的讲话中说："十一届三中全会以来，以邓小平同志为核心的党中央领导集体，领导我国人民开创建设有中国特色社会主义的道路，使我们的国家进入蓬勃发展的新时期。"⑥ 1995 年 1 月，他继续指出："党的十一届三中全会以来，我们党确立了社会主义初级阶段的基本路

---

① 《邓小平文选》第三卷，人民出版社，1993，第 228 页。
② 《邓小平文选》第三卷，人民出版社，1993，第 226 页。
③ 《十三大以来重要文献选编》中册，人民出版社，1991，第 616 页。
④ 《十三大以来重要文献选编》中册，人民出版社，1991，第 1125 页。
⑤ 《十四大以来重要文献选编》上册，人民出版社，1996，第 4 页。
⑥ 《十四大以来重要文献选编》上册，人民出版社，1996，第 248 页。

线，党和国家实现了伟大的历史性转折，把工作中心转移到经济建设上来，进入了以改革开放为鲜明特点的社会主义现代化建设新时期。改革开放是一场新的革命，是建设有中国特色社会主义的强大动力。十六年改革开放搞活了经济，推动了生产力的巨大发展和社会的全面进步，显著改善了人民的生活。这场新的伟大革命也给党的思想政治建设注入了新的活力，给社会思想文化带来了空前广泛而深刻的影响，促进了人们思想认识的提高，极大地调动了广大群众的积极性。没有改革开放，我国的社会主义现代化建设不可能取得举世瞩目的伟大成就，有中国特色的社会主义不可能在世界风云急剧变幻的情况下经受住严峻的考验。邓小平同志说：'坚持改革开放是决定中国命运的一招。'这是千真万确的。我们要坚定不移地通过改革开放继续推动经济向前发展，使社会主义制度不断完善起来。"[1] 这段话相当完整地说明了为什么党的十一届三中全会成为划分历史分期的理由。1997 年 9 月，江泽民在党的十五大政治报告中进一步肯定了党的十一届三中全会的历史意义，并且强调邓小平《解放思想，实事求是，团结一致向前看》的讲话"是在'文化大革命'结束以后，中国面临向何处去的重大历史关头，冲破'两个凡是'的禁锢，开辟新时期新道路、开创建设有中国特色社会主义新理论的宣言书"。在 1998 年底召开的纪念党的十一届三中全会召开 20 周年的讲话中，他说得更加明确："十一届三中全会，是建国以来我党历史上具有深远意义的伟大转折。党在思想、政治、组织等领域的全面拨乱反正，是从这次全会开始的。伟大的社会主义改革开放，是由这次全会揭开序幕的。建设有中国特色社会主义的新道路，是以这次全会为起点开辟的。当代中国的马克思主义——邓小平理论，是在这次全会前后开始逐步形成和发展起来的。

---

① 《十四大以来重要文献选编》中册，人民出版社，1997，第 1188—1189 页。

十一届三中全会是一个光辉的标志，它表明中国从此进入了社会主义事业发展的新时期。"从江泽民这一系列论述，不难看出，新的中央领导坚持以党的十一届三中全会作为历史分期界限的观点也是十分鲜明的。

上述三点充分说明，无论从历史发展的实际，还是从 20 多年来两代中央领导核心的论述来看，党的十一届三中全会都应当是历史分期的界限。也就是说，这种观点既有历史的实践根据，也有中央的文献依据。

第四，对《决议》提到的 1976 年 10 月粉碎"四人帮""使我们的国家进入了新的历史发展时期"这个话，应当怎样理解呢？在我看来，这里的"进入了新的历史发展时期"，是相对于此前的"文化大革命"十年内乱时期讲的，而不是讲这个事件在新中国发展过程中的历史地位；《决议》对党的十一届三中全会的评价，则是就新中国的整个历史发展而言的。可以说，这是属于不同层面的评价。再则，历史在发展，认识在发展，我们也应以历史的、发展的眼光来看待《决议》。离开了历史的具体实际，离开了国家发展的来龙去脉，静止地看问题，孤立地抠字眼，是不可能把握它的真谛的。事实上，只要认真地分析《决议》论述这个问题的前后文，也能得出客观的结论。《决议》在肯定了粉碎"四人帮"的意义之后，紧接着指出：1976 年 10 月以后，当时的中央主要领导在指导思想上继续犯了"左"的错误，"文化大革命"制造的冤假错案没有能够得到改正，经济工作中继续推行一些"左"的政策，致使党的工作出现在徘徊中前进的局面。这就说明，粉碎"四人帮"这一伟大事件没有能成为新时期的真正起点，或者说，这个事件本身是一个伟大的"点"，但没能成为推动后来历史发展的起点。因此，不讲 1976 年 10 月粉碎"四人帮"是开创社会主义事业新时期的历史起点，而讲党的十一届三中全会是开创社会主义事业新时期的历史起点，并不违背《决议》。也可以说，这才是对《决议》的完整的、准确的理解。

以党的十一届三中全会作为划分历史分期的界限，毫无疑问的是突出了党的十一届三中全会的历史地位，但这不是人为地突出，而是我们国家历史发展的客观反映。我们以党的十一届三中全会为界，将新中国成立后的历史分为两个时期，并以它作为新时期的起点，正是客观地反映我们国家的历史发展的必然要求。

二、当惊世界殊：50年的历史巨变

这里着重从新旧中国对比的角度，来看新中国成立后的50年的历史巨变。

综观新中国成立50年，我们国家确实取得了如毛泽东所讲的"当惊世界殊"的伟大成就，与旧中国相比较，发生的变化是全方位的。这里仅列举十项，以窥全貌。

（一）由一个受帝国主义政治经济势力控制的半殖民地国家，变成了完全独立、拥有主权完整和民族尊严的自主国家。实现国家独立，是中国的仁人志士100多年来抛头颅、洒热血、英勇奋斗的首要目标。方志敏的《可爱的中国》是许多人都读过的名篇，尤其是我们这一代人，可以说是吸吮它的乳汁长大的。方志敏讲了许多亲身经历的帝国主义分子欺侮中国人的故事。他怒不可遏，决心为改变可爱的母亲——中国的命运而奋斗。那些亲历亲闻的故事，成了他投身革命的一个动因。他写道："半殖民地的中国，处处都是吃亏受苦，有苦无处诉。但是，朋友，我却因每一次受到的刺激，就更加坚定为中国民族解放奋斗的决心。我是常常这样想着，假使能使中国民族得到解放，那我又何惜于我这一条蚁命！"这本小书是表达老一辈革命家当年爱国心声的代表作。新中国的成立，结束了帝国主义的长期压迫和控制，革命先烈的遗愿实现了。半个世纪以来，站起来了的中国人民继承先烈的革命精神，顶住了各种形式的外来压力，战胜了帝国主义、霸权主义势力对我国进行的孤立、封锁、干涉和制裁，强有力地维护了国家的独立、主权的完整和民族的尊严。新中国像巨人一样，昂首屹立于世界东方。

（二）由一个充满民族矛盾和阶级矛盾而四分五裂的国家，变成了在中国共产党领导下、在社会主义制度基础上实现空前统一的国家。由于帝国主义列强的侵略和互相争夺，由于各地军阀的割据和官僚集团的互相争夺，也由于2000多年封建经济的闭塞落后，因此旧中国长期处于四分五裂的状态。先是北伐战争以前的南北军阀林立。经过北伐战争，蒋介石定都南京后，张学良在东北易帜，实现了国民政府名义上在全国的统一。说是名义上的统一，一是因为随后军阀就重开战端，不服蒋介石的统治；二是军阀在盘踞地区各自为政，中央政府难以插足，如阎锡山所在的山西，连铁轨都是窄的。国家的法律和政令普遍实施于全国各个地区，直到各基层单位。不仅如此，党的十一届三中全会以来，按照"一国两制"原则，我们国家在1997年7月恢复了对香港行使主权，并在1999年12月恢复对澳门行使主权，从而完全结束100多年甚至300多年来在这些地方丧失主权的屈辱历史。海峡两岸如何实现和平统一的问题，也已提上了议事日程。中华民族的和平统一大业在21世纪初必将呈现新的前景。这样的统一局面是中国近代历史上从未有过的。

（三）由一个反动专制的封建半封建国家，变成了人民当家做主人，社会主义的民主和法制正在得到实施的国家。旧中国的封建专制、反动独裁、社会黑暗，在世界上是出了名的。正因为如此，才有那么多出身地主、资本家、军阀、官僚的子女，离开家，放弃舒适的生活，去投奔革命。不可否认，其中有的是为了找个人出路，但他们中的绝大多数是怀有反抗社会黑暗的正义感的。因此，中国共产党领导中国革命胜利，得到了那么多民主党派和爱国人士的拥护；毛主席在天安门宣告新中国成立，得到了那么热烈的欢呼。新中国成立引发的社会变革是巨大的。新中国成立头几年，就消灭了封建土地制度，进行了直到基层的各项民主改革，实行了农业、手工业和资本主义工商业的社会主义改造，结束了几千年剥削阶级的反动专制统治，建立了工人阶级领导的、以工农联盟为基础的人民民主专政政权，开始进入社会主义初级阶段。在那些年，确实做到了除对极少数破坏国家根本制度的敌人实行专政外，广大的工人、农民、知识分子以及其他各阶级各阶层的人民，享有政治、经济和文化上的民主权利，并通过各种途径参与管理国家事务、经济文化事务和其他社会事务。在民主与法制方面，在犯"左"的错误时期，确实做得不好。党的十一届三中全会以来，社会主义的民主制度和法制制度在不断完善，促进生产力发展、社会进步和国家活力的政治体制改革在稳步进行。面临世纪之交的中国，正在向着依法治国，依宪治国，建设社会主义法治国家的目标迈进。

（四）由一个民族歧视和民族压迫深重的国家，变成了各民族间平等互助、团结和睦的国家。这方面的变化是非常显著的。中国是一个以汉族为主体的多民族国家，原来旧的社会制度不断加剧民族矛盾和民族压迫，因此民族间的隔阂、仇恨、械斗、武装冲突，从来没有停止过。新中国成立50年来，在党的正确的民族政策指引下，既反对大汉族主义，又反对地方民族主义，并挫败了少数民族分裂势力的图谋，坚持在各少数民族聚居的地区实行民族区域自治，从而实现和巩固了全国各族人民空前的大团结。尽管各民族间在经济、文化、教育的发展和生活水平方面还很不平衡，有的差距还不小，但是，我国的56个民族都自由、平等、和睦地生活在社会主义的大家庭中，是目前世界上不存在紧张的民族关系的多民族国家之一。这是有目共睹的。也不必隐讳，在少数民族聚居的个别地区还存在不稳定因素，西方敌对势力又在竭力实施对我国的分化图谋，但是总的说来，还是一个好的局面。在目前民族冲突成为困扰世界的一大难题的时候，这就更加充分地显示出我们党的民族政策的优越性，也表明我们国家的民族工作是十分出色的。

（五）由一个近代工业十分落后的贫弱国家，变成了国民经济得到巨大发展，正在走向富强的国家。旧中国的经济本来十分落后，封建军阀的连年混战、日本帝国主义的侵华战争和三年多国民党反动派的反人民战争，更使国家经济遭到严重破坏。新中国成立时，现代工业产值只占工农业总产值的17%。1949 年的人均年国民收入约为 27 美元，钢的年产量仅为 15.8 万吨，煤的年产量为 3243 万吨，粮食的年产量约为 1.1 亿吨，棉花的年产量约为 44.4 万吨。旧中国的经济畸形发展，个别地区如上海的商业繁荣，也掩盖不了国家整体经济实力特别是现代化工业的落后。这里有一些简单的比较数字，如上述钢产量，以人均占有量计算，中国不到 3 公斤，印度约 4 公斤，美国为 500 多公斤。这说明，我们国家不仅比发达国家落后，也比像印度这样的发展中国家落后。新中国成立 50 年来，国民经济得到了巨大发展。特别在党的十一届三中全会以后，坚定不移地以经济建设为中心，坚持改革开放政策，大力发展生产力，经济增长速度跃居世界首位，主要工业产品产量居世界前列，主要农业产品产量居世界第一位。以 1997 年和 1998 年的几个指标为例，钢产量达到 11559 万吨（1998 年），煤产量为 13.7 亿吨（1997 年），均居世界第一；发电量为 11670 亿千瓦·时（1998 年），居世界第二；原油为 1.61 亿吨（1998 年），居世界第五；粮食为 51230 万吨（1998 年），棉花为 460.3 万吨（1997 年），均居世界第一；国内生产总值在 1998 年达到 84402.3 亿元，经济总量居世界第七位。作为一个发展中国家，中国的经济发展能达到如此地步，是不能不令世人惊叹的。

（六）由一个有大量文盲、国民被称为"东亚病夫"的国家，变成了教育、科学、文化、体育、卫生事业得到巨大发展的国家。在旧中国，经济落后，无力发展科教文卫事业，生活在社会底层的工农子弟上不起学，青壮年文盲多，全民族的体质虚弱，被讥讽为"东亚病夫"。新中国成立 50 年来，完全改变了这个状况，教育事业获得巨大发展。国务院新闻办公室发布的《1998 年中国人权事业的进展》材料说，1998 年，全国已有 2242 个县实现基本普及九年义务教育和基本扫除文盲，人口覆盖率达到 73%；青壮年文盲率下降到 5.5%。到 1997 年，全国共有小学 62.9 万所，基本实现学龄儿童都能入学。初中 6.6 万所，94% 的小学生可以升入初中。高中阶段教育学校 3.1 万所，50% 的初中毕业生可以接受高中阶段教育。高等学校 2000 多所，年招生能力 200 多万人，高中毕业生升学率达到 45%。1997 年，全国高等学校在校生总数为 608 万人，其中研究生 18 万人。大学毛入学率提高到 9.07%，高于世界发展中国家的平均水平。这个材料还说，中国 25 岁及 25 岁以上的人口中，受中等教育的比重为 42.5%，已接近美国等发达国家的水平。我国科学技术事业的发展成就是极其显著的，尽管在整体水平上比发达国家还落后一大截，但在不少领域已开始走向世界前列。特别在党的十一届三中全会以来，重大科技研究成果不断涌现，在原子能技术、生物科学、农业科学、高能物理、计算机技术、运载火箭技术、卫星通信技术等方面，有些已达到或接近世界先进水平。据有的科学家估计，在旧中国，科学技术落后于发达国家 200 年，现在我们新中国与发达国家的差距已缩短为 50 年。这是一个了不起的进步。在文化、卫生、体育事业方面也获得了飞速发展。如竞技体育方面，我国运动员获得的各种亚洲冠军、世界冠军不计其数。在 1998 年泰国曼谷举办的第十三届亚运会上，我国运动员再获金牌总数第一，继续称雄亚洲。"东亚病夫"的帽子早已放进了历史博物馆。

（七）由一个广大民众食不果腹、衣不遮体、难以聊生的国家，变成了全国人民大都丰衣足食、整体生活水平正在走向小康的国家。《国际歌》中唱的"饥寒交迫的奴隶"，是旧中国劳苦大众生活的真实写照。新中国成立 50 年来，特别是最近 20 多年来，随着国家经济的发展，人民群众的生活水平有了明显提高。国务院新闻办公室发布的人权材料《1998 年中国人权事业的进展》说，到 1997 年，农村居民家庭人均纯收入达到 2090.1 元，城镇居民家庭人均可支配收入达到 5160.3 元。农村居民人均居住面积达到 22.46 平方米，城镇居民人均居住面积达到 8.8 平方米。1998 年，我国农村贫困人口已由 1978 年的 2.5 亿下降到只有 4200 万，成为世界上贫困人口减少最快的国家，与世界上目前还有 13 亿贫困人口，且以每年 2500 万的速度增长的情况形成鲜明的对比。材料还说，人民的健康水平有了很大改善。中国的人口死亡率已由新中国成立前高达 33‰下降到目前的 6.5‰左右。人口预期寿命已由新中国成立前的 35 岁提高到目前的 70.83 岁，比发展中国家的平均指数高出 10 岁，达到中等发达国家的水平。我国粮食、棉花的产量均占世界第一位，这使人民生活的基本需要有了保障。从 20 世纪 80 年代末以来，全国人民的温饱问题就已基本解决。许多家庭由过去向往"手表、自行车、缝纫机"这样的老"三大件"，变成了目前以拥有"彩电、冰箱、电脑"为时尚的新"三大件"。一些家庭还在为追求"用手机、开轿车、住别墅、出国游"这样的"千年走一回"的潇洒生活目标而努力。根据一些指标的综合研究，该人权材料指出："统计表明，从经济水平、物质生活、人口素质、精神生活和生活环境等方面综合测算，截至 1997 年，中国已实现小康初始水平的

86.52%。这说明，中国人民生活水平总体上说已经温饱有余，正在接近小康。"

（八）由一个没有组织、被视为"一盘散沙"的国家，变成了城乡基层组织健全、社会风尚走向健康，且具有强大凝聚力的国家。在旧中国，人口虽多却不能形成力量，被外国人讥笑为"一盘散沙"。新中国成立后，在中国共产党的领导下，坚持进行爱国主义、集体主义、社会主义教育，人民群众的觉悟在不断提高。随着社会主义基本经济政治制度的初步建立，城乡社会基层组织在不断健全。改革开放后的20多年来，在一个时期由于出现了"一手硬，一手软"的偏向，原有的问题没解决，又出现了新的问题。近几年来，在加紧社会主义物质文明建设的同时，加大了社会主义精神文明建设的力度。党和政府采取了比较多的举措，引导人们树立建设有中国特色社会主义的共同理想和正确的世界观、人生观、价值观，并通过各种渠道培育有理想、有道德、有文化、有纪律的公民；大力提倡在全社会形成团结互助、平等友爱、共同前进的人际关系和扶正祛邪、扬善惩恶的社会风气，不断树立先进典型，使那些好的思想品德成为人们共同的行为规范。在1998年的抗洪斗争中，全国军民所表现出的那种万众一心、团结奋战的精神面貌，充分反映了这些年来在营造好的社会风气方面所取得的巨大进步。

（九）由一个有国无防、屡受外国侵略和欺凌的国家，变成了拥有强大国防力量、国家安全有充分保障的国家。中国是一个大国，但由于贫弱，国家的独立和安全没有保障。在1840年以后的百余年间，中国是半殖民地半封建社会，就部分地区而言是殖民式统治。新中国成立后的50年完全改变了这个历史，建立起了包括强大的陆军、海军、空军和其他技术兵种在内的合成军队。我们国家的军队素质总的说是比较高的，解放军将士是富有战斗力的。有全国人民做坚强后盾，中国人民解放军能捍卫祖国的每一寸神圣领土。几十年来，这支军队挫败了帝国主义、霸权主义的侵略和武装挑衅，胜利地进行了保卫祖国边疆的斗争。在抗美援朝、中印边界冲突、中苏边境冲突、西沙海战等反侵略战争中，中国人民解放军表现出的顽强战斗作风和英勇牺牲精神，在任何情况下都是值得歌颂的。在党的十一届三中全会以后，中国人民解放军的革命化、现代化、正规化建设又达到了一个新水平，在保卫祖国边疆安全和建立国际政治新秩序的斗争中又建立了新的功业。目前，中国人民解放军在加强质量建设、走有中国特色的精兵之路的同时，努力提高现代技术，特别是高技术条件下的防卫作战能力，成为能够抵御任何外来入侵之敌的钢铁长城。

（十）由一个没有独立外交和没有国际地位的国家，变成了能够奉行独立自主的外交政策、在世界上享有崇高国际威望的国家。弱国无外交。旧中国备受帝国主义列强的侵略和欺凌，外交上却无力抗争。新中国成立后，这种屈辱的历史一去不复返了。50年来，我国政府始终不渝地奉行独立自主的外交政策，倡导并坚持和平共处五项原则，平等地和世界各国交往，积极发展同各国人民的友谊，坚决支持被压迫民族的解放事业、新独立国家的建设事业和各国人民的正义斗争，反对帝国主义、霸权主义、殖民主义和种族主义，努力维护世界和平，赢得了国际社会的尊重。我国在联合国和安理会的席位得到恢复后，同世界上更多的国家建立了外交关系，同更多的国家和地区发展了经济、贸易和文化往来，在国际事务中发挥着越来越重大的积极作用。随着改革开放和现代化建设事业取得举世瞩目的成就，我们国家在当今世界的说话分量越来越重，任何一个大国都不能忽视中国的强大存在。前不久，以美国为首的北约悍然轰炸中国驻南斯拉夫联盟大使馆，引起中国人民和中国政府的强烈愤慨和严厉谴责，这迫使美国领导人不得不低下头，向中国人民和政府赔礼道歉，并降半旗向中国遇难人员志哀。这从一个侧面显示了中国的国际地位。

这里不可能历数新中国成立 50 年来的成就，但上述十条已能够说明新中国的 50 年是光辉的 50 年。这些成就是我们伟大祖国继续发展的坚实基础。只要我们坚持党在社会主义初级阶段的基本路线不动摇，坚持邓小平建设有中国特色社会主义理论不动摇，再过 50 年，到 21 世纪中叶，我们的国家就一定能够实现第三步战略目标，赶上中等发达国家的发展水平，伟大的中华民族将在国际社会中发挥更大的作用。

三、挑战与机遇：21 世纪的艰辛使命

（一）21 世纪的世界将是一个什么样的世界？到下一个世纪之交时的世界也许是很美妙的，人们可以任丰富的想象力驰骋。因为高科技的发展将会使人类更好地掌握自然规律，并使人类与自然和谐共存。但是，在即将到来的世纪之交，我们这个世界的前景并不美妙，因为目前所生活的这个世界并不太平。正在发生并在继续的科索沃危机，开创了一个极为恶劣的先例，给即将到来的新世纪带来了不安。这是一个不好的信号。20 世纪 90 年代初发生的海湾战争，那时人们把它当作偶然事件。现在发生对南斯拉夫的战争，难道也是偶然事件？人们不能不认真地想想这个问题。

在 20 世纪 80 年代前期，当和平与发展越来越成为世界关注的重大问题时，苏联对外政策的变化便显得尤为重要。那时，苏联作为超级大国，是抗衡美国的重要政治军事力量。20 世纪 80 年代末 90 年代初，苏联解体、东欧发生剧变后，世界呈现多极化格局。其实，这个多极力量是很不均衡的。无论是欧洲、日本，还是中国，以及其他地区的力量，哪一个能跟美国处于同一个"极"的级别上？没有。能不能说，这是一种类似鹤立鸡群的多极？或者说，是一个重量级和几个

次重量级加轻量级的"极"并存的实际格局？不看到"多极化"的这一实际状况，就不能准确地反映世界的各种力量的真实对比。强调多极化，旨在使世界形势朝着有利于和平方向发展。但美国要的是单极化，要独霸世界。也可以说，讲多极化是为了反对单极化。现在，美国还不敢冒天下之大不韪打核战争，但是没有了制衡它的对等的军事力量，谁能担保它不采取冒险行动？要观察，要警惕。世界的大格局会不会有所变化，怎样变化？要跟踪研究。这是从国际形势看。

再从我们国家的安全来看，这种新态势不可能不对我国的安全造成影响。美国根本不把联合国放在眼里，为了它的所谓"国家利益"，无视、践踏对它不利的或有所约束的国际准则。如果美国这样横行霸道下去，不仅世界无宁日，我们中国的主权尊严和领土完整也难有保障。

在刚进入 20 世纪 80 年代时，邓小平同志曾讲过要做的三件大事。第一件事，就是反对霸权主义，维护世界和平。他说："八十年代的开端就不好，发生了阿富汗事件，还有伊朗问题，更不用说早一点的越南问题、中东问题。这样的问题以后还会很多。总之，反对霸权主义的斗争，始终是作为一项严重的任务摆到我们国家和全国人民的日程上面就是了。"[①] 这里讲的具体内容虽然已成历史，但那时的态势特点却与我们目前所面对的形势很相似。我们也要研究在新世纪来临之际的霸权主义的新特点，加强反对霸权主义的斗争。邓小平同志讲的第二件事，"是台湾归回祖国，实现祖国统一。我们要力争八十年代达到这个目标，即使中间还有这样那样的曲折，也始终是摆在我们日程上面的一个重大问题"[②]。这么多年过去了，这个问题还未解决，成了邓

---

① 《邓小平文选》第二卷，人民出版社，1994，第 240 页。
② 《邓小平文选》第二卷，人民出版社，1994，第 240 页。

小平同志，也是毛主席、周总理生前未了的遗愿。我们希望和平统一，早日解决台湾问题，这是包括一切爱国的中华民族子孙的共同心愿，是上上策。但是，我国台湾地区的少数人，美国，还有日本的当权派的态度会不会如我们之愿？我们不能存有任何的侥幸心理，要作多种准备。这就涉及邓小平同志讲的第三件大事，要加紧经济建设，加紧现代化建设。"国防建设，没有一定的经济基础不行。"① 邓小平同志讲的 20 世纪 80 年代要做的这三件大事，对于我们当前进入新世纪仍然有指导意义。

面对新世纪，无论从国际形势还是国家安全来看，都带有一定的严峻性。在新世纪要做的许多大事中包括上述的几件，而要做好这几件事，归根到底，还是邓小平同志说的"发展是硬道理"。我们要努力发展经济，发展高科技，增强综合国力，在改善人民生活的同时，大力加强我们的国防，应付在国际事变和国家安全方面可能出现的不测。

（二）进入新世纪，还有一个艰巨的使命，就是经济体制改革进入攻坚阶段。怎样突破这一难关？特别是怎样使国有大中型企业摆脱困境，充满活力地持续发展，体现社会主义公有制的优越性？这成了一个跨世纪的难题。这里面有体制问题、管理问题，还有素质问题等。

——就体制而言，私有化是必须坚决反对的，不能含糊。有的人转着弯子说来说去，最后还是认为，出路只有一条，就是私有化。我们当然不能苟同这种观点。搞经济体制改革，不能迷信私有化。我们有些同志还没有破除迷信。这里也要解放思想，不断摸索在真正坚持公有制的前提下，公有制的各种实现形式。只要产权公有，像邓小平同志说的，这样那样的具体实现形式都允许试验。

——就管理而言，有两个问题比较突出。一是许多企业的管理制

---

① 《邓小平文选》第二卷，人民出版社，1994，第 240 页。

度不当或不严。过去行之有效的"两参一改三结合",有些简单化,还属于粗放型管理,但是它有一条不错,就是使工人有主人公地位。现在的不少企业,既缺乏像发达国家那样严格、细密、有序的管理,又调动不起工作人员的积极性、创造性。这是企业缺乏活力的一个原因。二是不少企业领导干部,或根本不懂现代企业管理,或思想境界不高,有的懂行的所谓企业家又考虑个人利益较多,缺乏无私奉献精神,不能一门心思扑在工作上,抓制度管理,抓改善企业经营。这怎么能把企业搞好?"搞好企业的关键是抓管理",我同意这个看法。

——就素质而言,首先是领导干部的素质,其次是广大职工的素质,都有一个如何提高的问题。对于目前的职工下岗应当辩证地看,其中就有一个素质不适应的原因。从发展趋势看,企业在由劳动密集型转向知识密集型,由粗放式管理转向集约化管理,这不仅有利于提高经济效益,而且是历史进步的表现。下岗职工如果去接受再教育,学一门文化知识,掌握一门专业技能,不仅能再就业,而且更利于发挥聪明才智。

目前我们国家的社会主义市场经济的框架已经确立,如邓小平同志说的,还要经过二三十年才能定型。这不仅是就一些理论问题的解决而言,更重要的是摸索出一套有效的运作机制。由计划经济到市场经济,这已经是不可逆转的了,但是,如果经济体制改革的"坚"没有攻下来,国有大中型企业没能走出困境,那么,目前讲的这些所谓社会主义市场经济都成了纸上谈兵。经济没有活力,社会主义的优越性怎么体现出来?它的生命力安在?在有硝烟的战争和无硝烟的政治渗透的夹击下,它能否站得住就不能不成为问题。因此,使国有大中型企业摆脱困境,长期具有活力,不能不成为中国共产党人在21世纪的艰巨使命。

(三)在21世纪的中国,还有一个重大课题,就是进一步推进政治体制改革，大力建设民主政治，有效治理腐败。改革开放就是一把双刃剑，在当年选择改革开放政策时，就已经估量了它的正面效应和负面效应。世界上没有有百利而无一害的美事，只能在权衡利弊后尽量趋利避害。搞改革开放，既要看到它是利大于弊，又要努力兴利除弊。改革开放后的20多年来，对于治理腐败采取了不少措施，也取得了不小的成绩。但腐败的蔓延说明，"衣食足而知荣辱"并不是个自然发展的过程，我们要冷静地面对这个现实。

腐败，主要是各级干部，特别是领导干部的腐败，也就是吏治腐败，影响极为恶劣。吏治清廉，可以兴国；吏治腐败，可以亡国。中国共产党有三面镜子，可"以史为鉴，资政育人"。一是李自成农民军，"打天下十八年，坐天下四十二天"。这就是所谓"其兴也勃焉，其亡也忽焉"。二是蒋介石国民党，在抗日战争胜利后，其威望如日中天，"蒋总统万岁"的口号，那时也喊得震天响。但不到四年，就被打得落花流水，亡命台湾。三是苏联解体、东欧剧变。第一个社会主义国家，艰苦奋斗几十年，在第二次世界大战中没有被希特勒打垮，却在和平环境下毁于一旦。搞了近半个世纪社会主义的东欧各国也随之"亡党亡国"。这三面"历史镜子"由兴而亡的原因各不相同，但有一条是共同的——腐败。特别是社会主义国家亡于腐败，尽管这不是全部原因，但也够惊心动魄，令人难以想象。正是有鉴于此，我们党反复指出：执政党的党风问题是有关党的生死存亡的问题。

怎样解决这个问题呢？这就是"抓两手"。一手抓思想教育，抓精神文明建设，彻底改变一个时期"一手硬，一手软"的现象。再一手就是抓制度建设。这一手，如邓小平同志说的，更带有根本性。因为教育不是万能的，尽管一度思想教育没抓紧，是一个失误，但总的来说党中央还是十分重视的。特别是近十年来，以江泽民同志为核心的第三代领导集体对此可谓呕心沥血。然而，腐败问题仍然是困扰我们党的一大难题。为了有效治理腐败，需要进一步加大制度建设力度。因为经济体制改革相当深入了，政治体制改革如果缺乏相应的力度，一些机制不健全，或者政策不完善，再加上政治权力缺乏有效的制衡机制，那么，腐败问题就很难得到应有的解决。

　　这里，如何使政治权力制衡是一个关键。历史经验证明，中国共产党领导的社会主义国家，既需要权力的集中，也需要权力的制衡，两者缺一不可。权力集中能办大事，是我们的政治优势，但是，集中了的权力若缺乏制衡，也会坏大事，优势就可能转化成劣势。目前对讲权力制衡，有一种误解，也有些顾虑，以为这就是要搞"三权分立""两党制"。周恩来说过："资本主义国家的制度我们不能学，那是剥削阶级专政的制度，但是，西方议会的某些形式和方法还是可以学的，这能够使我们从不同方面来发现问题。换句话说，就是允许唱'对台戏'，当然这是社会主义的'戏'。我们共产党人相信真理越辩越清楚。我们共产党人要有勇气面对真实，面对错误，有错误就不怕揭露，就勇于承认和改正。"① 这段话讲得太好了。我们深入政治体制改革，扩大民主，健全法制，加强监督，制衡权力，就应当像周恩来这样解放思想，开阔思路，在实践中摸索出一套防止权力腐败的有效制衡机制，将历史上那个"其兴也勃焉，其亡也忽焉"的周期率抛进太平洋里去！

　　21世纪对我们国家既是严峻挑战，也是难得机遇。从理论上说，挑战与机遇是一对不可分离的孪生子。解决挑战问题的本身，可能就意味着抓住机遇。这主要看我们在实践中能否正确分析形势，敢于迎接挑战，驾驭事态，因势利导。把握得好，就能变挑战为机遇。

---

① 《周恩来选集》下卷，人民出版社，1984，第208页。

中国共产党执政兴国 60 年[①]

　　中国共产党执政不是从新中国成立才开始，在此之前，在老革命根据地，比如中央苏区，也执政了 3 年，中华苏维埃共和国成立于 1931 年 11 月，一直到长征以前，是中国共产党局部执政的开始。国共合作时期，在陕甘宁边区独立执政 13 年。2009 年是中国共产党建党 88 周年，中国共产党执政从局部算起是 3 加 13 加 60，一共是 76 年。局部执政为全面执政积累了很多经验，但远远不够。因为全面执政与局部执政相比，有很大不同，或者说有质的区别。一是局部执政是小范围的，全面执政是全国范围的宏大执政。二是局部执政在很长时间的主要任务是战争，根据地建设也是为了打赢战争；在全国范围执政主要任务是建设，动员全国人民搞经济、社会建设。因此，党的工作重心就要根本转变。目前有的讲党的执政历史，追溯两者的联系多，讲两者的区别少，忽略了两者的很大不同。在全国解放的新形势下，出现了许多新问题，党必须加强执政能力建设。60 年执政史，按照中国传统的干支历法是一个甲子，相对于有 5000 年文明历史的中华民族来说，不过弹指一挥间，但这是一个不平凡的甲子，它开辟了中

　　① 为庆祝中华人民共和国成立 60 周年，中共吉林省委组织部、省委宣传部、省直机关工委、省委党校和省文化厅共同举办的第五期"吉林高端讲坛"，在吉林省第一个"党史教育日"这一天，邀请作者就新中国成立 60 年的历史作专场报告。这是作者 2009 年 9 月 25 日的演讲报告。报告就此前讲的一些观点比较展开地作了解读。9 月 27 日的《吉林党校报》根据录音资料整理发表了演讲全文，收入本书时作者作了修改和补充。

华民族的新纪元，使我们国家发生了翻天覆地的变化。

全面准确地把握中国共产党 60 年执政历史，这是一个很大的题目，理论性也很强。详细地讲要很长时间，所以只能讲要点，说思路。我这里讲三个问题。第一，中国共产党执政 60 年使中国发生的历史巨变。第二，中国共产党执政 60 年，可分为两个 30 年。从新中国成立到党的十一届三中全会是前 30 年，从党的十一届三中全会到现在的新时期是后 30 年。这两个 30 年之间有不小差距，怎样辩证地认识这两个 30 年的历史关系。第三，新中国 60 年发展进步的基本经验。

一、赶考：过好 60 年执政关

我想以宏观的方式，从大的方面来把握 60 年的历史巨变。这也可以从多种视角进行概括，但最根本的，我认为有 12 个方面：

（一）由一个受帝国主义政治、经济势力控制的半殖民地国家，变成完全独立、拥有主权完整和民族尊严的自主国家。中华民族在历史上曾有过辉煌的成就，过去说有 5000 年的文明，前些天到湖南考察看到新近的考古发现——城头山古文化遗址，这不仅是中国的考古专家认同，而且世界考古专家都一致认同，经过碳 - 14 测试，它有 6000 年至 7000 年的历史，这个古城有方圆 1 公里，相当清晰，护城河尽管不完整但河水仍在流淌，这就把中华文明历史向前提了 1000 年到 2000 年，不再是 5000 年文明史，可以说是 6000 年到 7000 年。过去我们讲埃及的文明是世界第一，金字塔有 5000 年以上的历史，而中华文明不是最早的，现在有了这样的城头山古文化遗址，我们文明史的排位要向前靠了，至少与埃及不相上下。在这六七千年的文明史中，有 1500 年之久，我们国家是世界的领头羊，相当于今天美国的地位，也算"超级大国"吧。就算在鸦片战争 20 年以前的 1820 年，中国的 GDP

仍占世界的1/3。但1840年鸦片战争后，西方的坚船利炮把清政府打得一塌糊涂，签订了一系列不平等条约，中国逐渐沦为半殖民地半封建社会。九一八事变以后，东北沦为日本的占领地。这段屈辱的历史，对我们中华民族来说有着沉痛的悲惨记忆。为了实现国家独立，100多年来，中华民族仁人志士前仆后继、英勇奋斗，这就是1840年以来一系列的革命，一直延续到20世纪中国共产党的成立。中国共产党之所以创立，它的首要任务就是要推翻这个任由列强侵略、掠夺、宰割的半殖民地半封建社会。中国共产党成立后，经过28年的革命斗争才取得了胜利，建立了新中国。60年前，毛泽东宣布，中华人民共和国成立了，中国人民站起来了，这就改写了历史。因为现在的年轻人生活在新社会，对国家独立还没有深刻的记忆，但过去受过帝国主义侵略欺侮的人对国家独立是倍感珍惜的，"不独立，毋宁死"，誓为国家独立捐躯。中国共产党首先改变了国家的面貌——独立了！新中国的成立，结束了帝国主义对中华民族的长期压迫和控制。60年来，站起来了的中国人民继承先烈的革命精神，顶住各种形式的外来压力，战胜帝国主义、霸权主义势力对我国进行的孤立、封锁、干涉和制裁，强有力地维护了国家的独立、主权的完整和民族的尊严。新中国像巨人一样，昂首屹立于世界的东方。

（二）由一个充满民族矛盾和阶级矛盾而四分五裂的国家，变成在社会主义制度为主体基础上实现空前统一的国家。党的七大提出为建立独立、统一、民主、富强的新中国而奋斗。中国共产党60年的执政，解决了统一问题。辛亥革命后的旧中国长期处于四分五裂状态。东北长期是张作霖的地盘，山西一直是阎锡山的"独立王国"。我前些年去山西考察，地方党史研究室的同志还让我看了阎锡山修铁路铺窄钢轨留下的遗迹。从20世纪20年代开始，先是北伐战争前的南北军阀林立；至抗日战争前，国民党各大军阀之间混战连年；国民党中央政府对工农红军的"围剿"不断；抗日战争之后，全国人民企盼和平建国，但国民党反动派撕毁和平协议，悍然违背全国人民的意志发动内战。中国共产党领导中国人民进行自卫战争和解放战争，用 3 年多时间取得了人民革命的伟大胜利。新中国成立 60 年来，不仅在内地实现全国范围的空前统一和政通令畅，而且在党的十一届三中全会以后，根据"一国两制"原则，先后于 1997 年收回了香港，1999 年收回了澳门，洗雪了 100 多年甚至 300 多年丧权辱国的屈辱。中华民族从来没有这样扬眉吐气过。近年来，海峡两岸关系有很大转机，中华民族和平统一大业呈现新的愿景。这样的局面是中国近代以来从未有过的。

（三）由一个反动专制的封建半封建国家，变成人民群众做主人、社会主义民主和法制不断健全的国家。旧中国以封建专制、反动独裁和社会黑暗为进步人类所不齿。正因为如此，才有那么多出身地主、资本家、军阀、官僚家庭的子女投奔革命，中国共产党才能得到包括民主党派和爱国人士在内的全国各族人民的拥护。面对过去 2000 多年的封建社会，中国共产党领导中国革命取得胜利，在大多数地区实行农业、手工业和资本主义工商业的社会主义改造，结束了剥削制度。经过社会主义民主改革，人民当家作主。新中国成立 60 年来的社会变革巨大，建立了工人阶级领导的、以工农联盟为基础的人民民主专政政权，广大人民群众通过多渠道参与管理国家事务和其他社会事务。特别是新中国成立初期，从旧中国到新中国，广大老百姓那种翻身成了国家主人的感觉非常鲜明。但 60 年的民主建设之路走得很艰辛，经历过不少曲折和挫折，频繁的政治运动使广大人民群众的权利受到伤害，特别是"文化大革命"10 年践踏了民主。邓小平说"没有民主就没有社会主义"，所以改革开放以来，党中央不断积极稳妥地健全民主制度和法律制度，努力全面保障人权，建设社会主义法治国家；积极稳妥地进行政治体制改革，完善中国特色社会主义政治体制。但这与广大人民群众的期望值还有不小的距离，这就需要不断加强这方面的举措，解决这方面的问题。

（四）由一个民族歧视和民族压迫深重的国家，变成各民族间平等互助、团结和睦的国家。在 2008 年北京奥运会之前西藏拉萨发生了暴力事件，在 2009 年国庆之前又发生了类似事件，因而怎么看我们国家的民族问题，这成了一个时期舆论的热点。我认为，还是要理性地看待这个问题。尽管拉萨和乌鲁木齐的暴力事件影响很大，但毕竟是一个时期的局部问题。中国是一个以汉族为主体的多民族国家，旧的社会制度不断加剧民族矛盾和民族压迫，民族间的隔阂、仇恨、械斗、武装冲突时有发生。新中国成立 60 年来，坚持在少数民族聚居地区实行作为国家基本政治制度的民族区域自治制度是好的，我们既反对大汉族主义，又反对地方民族主义，倡导各民族间谁也离不开谁的理念，不断挫败极少数民族分裂势力的图谋，实现和巩固了全国各族人民空前的大团结。毫无疑问，各民族间的经济、文化、教育和社会事业的发展还不平衡，但中央对少数民族实行优惠政策，大力培养少数民族干部，依法保障少数民族合法权益，促进各民族共同团结进步、共同繁荣富强，不断巩固和发展平等、互助、友爱、和谐的民族关系，56个民族幸福地生活在社会主义大家庭中。这是民族关系的主流。我们国家有 5 个自治区，这 5 个自治区，我都考察过，民族情绪比较严重的只是极少数，绝大多数的少数民族群众都是坚决维护中华民族的统一的。因此，总的来看，对国家的民族政策我们要充分肯定，不能因为个别事件否定我们党 60 年来民族政策的伟大成就。北京也有民族成就展，还发布了新疆 60 年变化白皮书。我想，民族工作中的一些缺陷可以逐步改进。

（五）由一个近代工业十分落后的贫弱国家，变成国民经济得到巨大发展、正在走向富强的国家。旧中国积贫积弱。1949 年工农业几个主要产品的年产量是：钢为 15.8 万吨，粮食约为 1.1 亿吨，棉花约为 44.4 万吨，国内生产总值不到 679 亿元，对外贸易总额不到 41.3 亿元。毛泽东曾形象地说，现在我们能造什么？能造桌子椅子，能造茶壶茶碗，但一辆汽车、一辆拖拉机都不能造。新中国成立 60 年来，特别是改革开放 30 年来，我们国家已有好多指标走在世界的前列，国民经济持续、快速发展。至 2008 年，我国主要农产品和工业品产量均居世界第一，钢产量突破 5 亿吨，粮食为 5.29 亿吨，棉花为 749.2 万吨，国内生产总值超过 30 万亿元，对外贸易总额达到 179921.5 亿元。不少指标由数倍到成百倍，乃至上千倍地增长，标志我国综合国力的经济总量跃居世界第三位。不仅能造汽车、拖拉机，而且能制造并成功发射"两弹一星"、"神舟"系列载人航天飞行器，实施月球探测工程。2008 年以来对金融危机的有效应对，充分显示了国家的经济实力，我国已成为世界瞩目的经济大国。

（六）由一个被外国资本和官僚资本掌控的统制经济体制的国家，变成以建立社会主义市场经济体制为主要标志的具有中国特色体制的国家。旧中国在政治上深受帝国主义、封建主义和官僚资本主义的压迫，在经济上主要由外国资本和官僚资本控制，属于资本主义市场经济范畴的畸形统制经济体制。新中国成立后，实行高度集中的计划经济体制。应该肯定，计划经济起了很大的作用，"一五"计划"二五"计划功不可没。那时，不通过这种体制我们国家不可能恢复长期战乱对经济的破坏，也不可能在短时间内建立一个工业化的体系。但是社会主义在不断向前发展，需要不断变革体制，就像小孩子要穿儿童的衣服，到长大成年了，就要换装，要不就影响身体发育。同样道理，不改变体制和机制，就会束缚经济社会的发展。因此，必须从计划经济转换到市场经济。所以，从计划经济到市场经济的转换要辩证地看。社会在发展，我们就要解放生产力、发展生产力。在目前来说，对解放生产力、发展生产力，什么经济体制更好？应当说，社会主义的市场经济体制比社会主义计划经济体制更好，有更多的优越性。党的十一届三中全会以来，在 20 世纪 50 年代开始探索发展道路的基础上，大刀阔斧地进行各方面改革，实现从社会主义计划经济体制到社会主义市场经济体制的转变；在不断深化经济体制改革的同时，也深化其他各方面体制的改革，初步形成并在不断发展符合当代中国国情、充满生机活力的新的体制机制，为经济繁荣发展、社会和谐稳定提供制度保障。

（七）由一个被帝国主义列强打开门户的国家，变成对外全方位开放的国家。说旧中国不开放，其实也是"开放的"。因为不开放不行，帝国主义列强以坚船利炮让旧中国"门户洞开"，变成他们倾销自己商品的市场、掠夺中国资源的基地。新中国成立后，毛泽东、周恩来等党和国家领导人的思想是很开放的，并不是要闭关锁国。但美国不承认中国，对中国搞封锁；苏联开始与中国的关系很好，后来中苏关系急剧恶化，最初是两党舌枪唇剑，后来是两国兵戎相见。谁也没想到两个亲如兄弟的社会主义大国会打起仗来。正是由于这些外部和内部各方面原因，在相当长的时间内中国处于封闭半封闭状态。党的十一届三中全会以来，我们国家很快改变这个局面。邓小平说，中国的发展离不开世界，否则连信息都不灵，让我们同发达国家拉开了至少 30 年至 50 年的距离。所以，我们的党和政府坚持对外开放的基本国策，打开国门搞建设的速度是很快的。从建立经济特区到开放沿海、沿江、沿边、内陆地区，再到加入世界贸易组织，从大规模"引进来"到大踏步"走出去"，努力利用国际国内两个市场和两种资源，国际竞争力不断增强。至 2008 年，我国外汇储备超过 1.9 万亿美元，跃居世界第一；进出口总额超过 2.5 万亿美元，跃居世界第三。但这也带来新的问题，发生了倾销和反倾销的斗争，要保护国家利益免受损失。目前，美国掀起所谓轮胎反倾销案，欧盟也跟着美国要制裁中国。搞市场经济，打经济仗很残酷，有时其残酷性不亚于军事斗争。我们要学会怎么跟外国人打交道，通过合法的程序来解决贸易争端。但总的来看，目前的世界格局是：中国的发展离不开世界，世界的繁荣稳定也离不开中国。没有中国的产品，没有中国制造，欧美市场就走向萧条，货架上就没有商品。中国在经济全球化格局中的重要地位，由此可见端倪。

（八）由一个充斥着文盲、国民被称为"东亚病夫"的国家，变成教育、科学、文化、体育、卫生事业得到巨大发展的国家。旧中国有将近 5 亿人口，文盲占了一大半。旧中国的科教文卫事业同经济一样异常落后，生活在社会底层的广大工人农民多为文盲，全民族体质虚弱，被讥讽为"文盲大国""东亚病夫"。在 20 世纪 30 年代去柏林参加奥运会的，只有张学良资助前往的中国百米冠军刘长春一个运动员，真是可怜之至。新中国成立 60 年来，完全改变了这个状况。城乡基本实现九年义务免费教育。20 世纪 50 年代我们上中学时，提倡的"三好学生"标准，第一好不是学习好，而是身体好，体育锻炼要达标，不达标就要留级。经过多年的发展，现在社会面貌的变化很大。"东亚病夫"的帽子被我们扔到太平洋里去了，广大老百姓的国民综合素质显著提高。我国目前基本扫除文盲，高等教育总规模、大中小学在校生数量位居世界第一。科学技术获得巨大进步，具有世界先进水平的重大科技创新成果不断涌现，高新技术产业蓬勃发展，文化事业生机盎然，国家文化软实力不断增强。体育事业飞跃发展，竞技体育处于世界领先水平，各种冠军不计其数，具体的标志就是 2008 年在北京成功举办夏季奥运会和残奥会，我国金牌数第一。医疗卫生条件明显改善，全民健康水平空前提高。整个国家的物质文明、精神文明、政治文明和生态文明在不断发展，中华民族正跻身于世界先进民族行列。

（九）由一个广大民众食不果腹、衣不遮体、难以聊生的国家，变成全国人民大都丰衣足食、生活整体水平达到小康程度的国家。这是专讲老百姓的生活、广大民众的生活变化的。为什么要单列这一条呢？不是讲"以人为本"吗？经济社会的发展归根结底是要改善人民的生活，使广大老百姓富起来。说得再天花乱坠，这优越那优越，老百姓还很穷，那就不优越。过去旧中国可到处是乞丐。所以，《国际歌》里唱的"饥寒交迫的奴隶"，确实是当时中国的现实写照。据有关资料统计，1949 年时，我国城镇居民人均可支配收入不足 100 元，农村人均可支配收入不足 50 元。现在 100 元、50 元对好多老百姓都不算什么了，但当时就是这种状况，大多数人处于饥饿、半饥饿状态。新中国成立 60 年来，特别是近 30 年来，随着经济社会的发展，广大人民群众的生活水平有显著提高，13 亿人口的温饱问题得到稳定解决，创造了以占世界 7% 的耕地面积解决占世界 22% 的人口吃饭问题的奇迹。至 2008 年，我国农村居民人均纯收入 4760.6 元，城镇居民人均可支配收入 15780.8 元。至 2007 年，社会储蓄达 46 万亿元，居民储蓄达 16 万亿元。中国已经由位居世界不发达的低收入国家上升到中等偏下收入国家。农村贫困人口降为占全国人口的 3%，成为世界上贫困人口减少最快的国家。人口死亡率由新中国成立前高达 33‰，下降至 2008 年的 7‰。人口预期寿命由 60 年前的 35 岁提高到 2008 年的约 72 岁，达到中等发达国家水平。全国人民正在努力建设促进人的全面发展的更高水平的小康社会。现在我们周边小区的房子相当漂亮，这在过去是不敢想象的。短短几年，过去的窝棚都变成了现代化的、比较高级的住宅。这些年，我去了很多县城，几乎每个县城都有文化广场。每天早晚，都能看到很多老百姓到广场健身，或跳舞，青年、中年和老年人都有，一派悠然自得、无忧无虑的景象。我想，如果成天愁吃愁穿，温饱问题没解决，是不可能看到这个景象的。当然，我国的发展还很不均衡，人民生活的变化也很不均衡。在城里还有低收入者，更不必说在偏远地区、山区，贫富之间的悬殊还是一个问题。有的地方，虽然解决了温饱，但是返贫现象还很严重，经不起天灾，经不起人祸，这说明发展不稳固，缺乏持续力，因而，消灭贫困，实现全面小康，还需要继续全面努力。

（十）由一个没有组织，被视为"一盘散沙"的国家，变成一个城乡基层组织健全、社会管理渐趋完善、具有强大凝聚力的国家。旧中国的人口虽多，但被外国人讥笑为"一盘散沙"。孙中山也这么说过，这是我们民族的劣根性。但这不是天生的，是可以解决的，中国共产党就解决了。新中国成立60年来，社会基层组织不断健全，社会事业蓬勃发展。全国人民紧密团结在中国共产党周围，不仅通过发奋图强建立强大的物质基础，而且通过艰苦奋斗形成强大精神支撑，全社会具有从来未有过的凝聚力。曾经创造中华5000年灿烂文明，为人类进步做出过卓越贡献的民族精神得到高扬。无论是实施重大建设工程，还是面对特大自然灾害，都充分显示同心协力、团结奋战的精神风貌，谱写出一曲又一曲感天动地的英雄凯歌。在越来越强大的中国人民面前，在客观条件大体具备的情况下，没有克服不了的困难。1976年的唐山大地震，天崩地裂，一个城市顿时变成废墟。但10年后，一个新的唐山就矗立起来了，现在的唐山变成了我们国家重要的工业城市。2008年汶川大地震，8级，巨大的破坏，那么多人遇难，但一方有难、八方支援，到现在恢复了生产，恢复了家园。对口支援，使整个灾区面貌大变。这就是中国共产党领导的优越性，这就是社会主义制度的优越性。相比之下，美国前两年也发生过大的自然灾害，但救援速度不如我们国家。所以"一盘散沙"已成了历史。汶川大地震虽然是新中国成立以来破坏性最强、波及范围最广、救灾难度最大的地震，但全国人民展现出万众一心、众志成城，不畏艰险、百折不挠，以人为本、尊重科学的抗震救灾精神，形成风雨同舟、生死与共的强大合力，最大限度地抢救了被困群众和减低了灾害损失，以最快速度积极对口支援灾区重建家园，夺取了抗震救灾的伟大胜利，创造出中华民族历史上又一个奇迹。

（十一）由一个有国无防、屡受外国侵略和欺凌的国家，变成拥有强大国防力量、国家安全有充分保障的国家。我们国家在强盛的时候，版图是相当大的。现在陆地面积约960多万平方公里。在唐朝、元朝和清朝前期，版图都比现在要大得多。在康熙的时候，清政府跟沙俄签了个条约，150多万平方公里给人家拿去了。到道光年间，发生鸦片战争，又被夺去很多土地，就是现在黑龙江以外的。因此前前后后两百多年，中国丢失了不少国土面积。特别是1840年后的百余年间，就全国而言是半殖民地半封建社会，在部分地区则是殖民式统治，先后丧失300多万平方公里土地。这就剩下陆地面积约960万平方公里了。过去的中国地图是个桑叶形状，现在则是个大公鸡形状。我在这里讲这些，不是要算旧账，现在也不可能算。但是回顾这段历史，是要说明如果国力弱小，就只能任人宰割。新中国成立60年来，完全改变了这个状况。国防安全得到了保障。尽管我们在有些方面还缺乏高尖端技术，还没有航空母舰，国防力量与发达国家还有很大差距，但60年来，我们国家建立起了包括陆军、海军、空军和其他技术兵种在内的合成军队，武器装备不断更新，战斗能力显著增强，因而屡屡挫败帝国主义、霸权主义的侵略和武装挑衅，强有力地保卫着祖国边疆。改革开放以来，在贯彻新时期军事战略方针，坚持军队革命化、现代化、正规化建设的同时，坚持科技强军，按照建设信息化军队、打赢信息化战争的要求，加快机械化和信息化复合发展，实现中国特色军事变革。中国人民解放军已经建设成为能够抵御任何外来入侵之敌的钢铁长城。国庆大典搞阅兵，就是展示国家的国防力量，让世人看到，我们中国人也是不好欺负的。我们是爱好和平的国家，不会搞扩张主义、霸权主义，去侵略别人，但是中国也不惧怕一切外界挑战。

（十二）由一个没有独立外交和国际地位的国家，变成坚持独立自主外交政策、在世界上享有崇高国际威望的国家。弱国无外交。抗日战争以后中国尽管是四大强国之一，但是有名无实，人家不理会。旧中国备受帝国主义列强的侵略和欺凌，外交上却无力抗争。新中国成立 60 年来，这种屈辱历史一去不复返。现在和我们建交的有 170 多个国家，有 20 多个国家没有建交。大陆和台湾的关系，也就是海峡两岸的形势也逐渐好起来，互相之间不再你争我夺了。从我国政府的外交政策言，新中国成立以来，始终不渝地奉行独立自主的和平外交政策，倡导并坚持和平共处五项原则，平等地同世界各国交往，积极发展同各国人民的友谊，坚决支持被压迫民族的解放事业、新独立国家的建设事业和各国人民的正义事业，反对各种形式的霸权主义和强权政治。自 20 世纪 70 年代以来，我国在联合国和安理会的席位得到恢复后，同更多的国家建立了外交关系，同更多的地区发展了经济、贸易和文化往来，在国际事务中发挥越来越重大的积极作用。目前，我国同发达国家的关系全面发展，同周边国家的睦邻友好不断深化，同发展中国家传统友谊更加巩固，积极推动建设持久和平、共同繁荣的和谐世界，国际地位和国际影响空前提高。当今，重大国际问题的讨论，中国的态度备受关注，包括朝鲜问题、中东问题、非洲问题。过去是富国俱乐部，现在是大国俱乐部，还有二十国集团，等等。凡属于世界性的重大政治经济问题，都需要中国参加。

以上论列了 12 个方面，总的说来，新中国成立的 60 年，取得了巨大成绩，这是主要的，也是当代中国历史的主流。但也要承认，仍有不少问题。有的问题还相当突出，与人们的期望值相比较还有相当的距离。比如，腐败问题，特别是高官腐败，老百姓很气愤。据统计，党的十六大以来，省部级腐败干部达100多人，数字不小，有的腐败案例触目惊心。当然，但凡是被查出触犯法律的，都绳之以法了。同时也要看到，现实问题很复杂，既有是非辨别问题，也有利弊权衡问题。国家太大，情况太复杂，要求很多问题都解决好，很难；有不少问题，是要逐步解决的。因此，我们中国共产党执政60年，一方面取得了很大成就，另一方面确实还有许多不足。所以，党中央召开十七届四中全会，要进一步加强党的建设，解决我们党和国家目前存在的重要问题，不要被60年的主流成就冲昏头脑。我们都知道，60年前，党中央在从西柏坡进北京的时候，毛泽东和周恩来曾提到过，要进北京了，要把事情做好，不要学李自成。60年过去了，答案怎么样呢，及格不及格呢？我以为，应当说是及格的，也能说是良好的，但是打满分不行。因为有那么多问题：腐败问题没解决，贫富差距过大问题没解决，弱势群体利益保障等问题没解决。这就是说，执政关还要继续过。中国共产党长期执政，过关也是长期的，旧的问题解决了，新的问题冒出来又要解决。所以中国共产党只要执政，就要不断解决过执政关问题，这是不能一劳永逸的。前60年及格了，不能说后60年一定也及格。因此，要进一步加强党的执政能力建设，不断解决过执政关的问题。

二、辩证地认识前后两个30年

新中国成立以来的60年，按照历史的发展分为两个时期，即从新中国成立到党的十一届三中全会召开为社会主义革命和建设时期，十一届三中全会以来为改革开放和社会主义现代化建设新时期。简单地说，是两个30年。毋庸讳言，这两个30年的历史发展有很大差别。

邓小平对前 30 年历史，从不同的角度作过两个总体性评价。一是从新旧中国历史对比的角度指出："我们尽管犯过一些错误，但我们还是在三十年间取得了旧中国几百年、几千年所没有取得过的进步。我们的经济建设曾经有过较快的发展速度。"① 上面 12 个方面的概括就是根据这个思路作历史比照的。研究历史不能不持历史主义的态度。二是从总结经验教训的角度指出："从一九四九年建国开始，一直到一九五七年，我国的发展形势是非常好的，但往后就出问题了。在这二十年中我们并不是什么好事都没有做，我们做了许多工作，也取得了一些重大成就，比如搞出了原子弹、氢弹、导弹等。……就整个经济情况来说，实际上是处于缓慢发展和停滞状态。"② 邓小平还说："从建国到一九七八年三十年的成绩很大，但做的事情不能说都是成功的。"③ 这个评价很沉重，表现出唯物辩证法的批判精神和发展眼光。这 30 年的发展与人们的期望值相比较有不小距离。毫无疑问，邓小平的这两个评价不尽相同，因为所讲的参照系不同。但它也不矛盾，都统一于这段历史本身之中。评价历史，不是根据人们的期望值，即不是想当然地觉得应当怎样来评价，而是应着眼于历史的进步，是否推动历史向前发展，在总体上是进步还是倒退。这是历史唯物论。按照这把历史尺子，对前 30 年，邓小平的基调是肯定的，而不是否定的。

对于后 30 年，胡锦涛在纪念党的十一届三中全会召开 30 周年大会上的讲话，对其取得的伟大成就作了全面阐述。这里不再赘述。那么，怎样看待这两个 30 年的差别呢？我看，应当反对两种倾向：一是将两个 30 年完全对立起来，或以后 30 年否定前 30 年，或以前 30 年否定后 30 年；二是将两个 30 年简单地直线化，认为后 30 年是前 30

---

① 《邓小平文选》第二卷，人民出版社，1994，第 167 页。

② 《邓小平文选》第三卷，人民出版社，1993，第 264 页。

③ 《邓小平文选》第三卷，人民出版社，1993，第 116 页。

年的直线式发展，否认后 30 年对前 30 年有拨乱反正的一面，即不是直线式发展，而是转折性发展。对新中国的两个 30 年作辩证的比较，总的来说，前 30 年为后 30 年奠定了根本政治前提和制度基础；后 30 年是前 30 年的历史延续、校正方向和创新性发展。具体地讲：

首先，新中国的前 30 年为后 30 年奠定了根本政治前提。这可以论列很多条，最重要的有三条：

一是在党和国家实际工作中坚持的四项基本原则。邓小平在 1979 年 3 月指出："我们要在中国实现四个现代化，必须在思想政治上坚持四项基本原则。"[①] 对于四项基本原则的内容，邓小平在 1985 年 8 月明确为："坚持社会主义道路，坚持人民民主专政，坚持共产党的领导，坚持马列主义、毛泽东思想。"[②] 如邓小平所说："这四项基本原则并不是新的东西，是我们党长期以来所一贯坚持的。"[③] "尽管如此，中央认为今天还是有很大的必要来强调宣传这四项基本原则。"[④] "对于这四项基本原则，必须坚持，绝不允许任何人加以动摇。"[⑤] 因为"这是实现四个现代化的根本前提"[⑥]，"如果动摇了这四项基本原则中的任何一项，那就动摇了整个社会主义事业，整个现代化建设事业"[⑦]。这四项基本原则是前 30 年党领导中国人民艰苦探索富强中国之道的基本经验。四项基本原则作为一个整体，解决了我们国家走什么道路、实行什么国体、由什么政治力量来领导、用什么思想作指导的大问题，是中国共产党立国、治国的指针，是团结全国人民为建设富强民主文

① 《邓小平文选》第二卷，人民出版社，1994，第 164 页。
② 《邓小平文选》第三卷，人民出版社，1993，第 134 页。
③ 《邓小平文选》第二卷，人民出版社，1994，第 165 页。
④ 《邓小平文选》第二卷，人民出版社，1994，第 165 页。
⑤ 《邓小平文选》第二卷，人民出版社，1994，第 358 页。
⑥ 《邓小平文选》第二卷，人民出版社，1994，第 164 页。
⑦ 《邓小平文选》第二卷，人民出版社，1994，第 173 页。

明和谐的现代化国家而不断奋斗的根本。

二是 1976 年 10 月粉碎"四人帮"的胜利。"文化大革命"是新中国前 30 年探索中国式社会主义道路的一个严重挫折。尽管主要出于所谓"反修防修"的政治需要，以期通过"天下大乱"达到"天下大治"，但其结果非但没有天下大治，反而使党、国家和人民遭到新中国成立以来最严重的挫折和损失。在这 10 年间，发生大量冤假错案，林彪集团和江青集团的罪恶罄竹难书。1971 年粉碎林彪集团后，以江青为首的"四人帮"成为"鲁难未已"的"庆父"。因此，1976 年 10 月，华国锋、叶剑英等领导人代表中央政治局，执行党和人民的意志，采取断然措施，一举粉碎作恶多端的"四人帮"，获得了各族人民的热烈拥护和举国欢庆。尽管它没有像人们所企盼的那样成为新中国历史发展的伟大转折，但毕竟在共和国危难之际挽救了党、挽救了社会主义事业，为党和国家的历史翻开了新的一页。这样，粉碎"四人帮"的胜利，当然是十一届三中全会后的改革开放和现代化建设的重要政治前提。

三是真理标准问题大讨论引发的思想解放运动。1976 年 10 月粉碎"四人帮"的胜利，之所以没有成为后 30 年历史发展的起点，就在于当时中央主要领导人搞"两个凡是"，继续肯定"文化大革命"，基本上还是因循"左"的错误。邓小平从 1977 年 5 月始，就反对"两个凡是"，明确指出："'两个凡是'不行"，"毛泽东思想是个思想体系"，要准确地完整地理解毛泽东思想，"毛泽东同志说，他自己也犯过错误。一个人讲的每句话都对，一个人绝对正确，没有这回事情"[①]。1978 年 5 月，报刊上掀起关于真理标准问题的大讨论，就是反对"两个凡是"，为重新确立实事求是的马克思主义思想路线的斗争。这场讨

---

① 《邓小平文选》第二卷，人民出版社，1994，第 38—39 页。

论发展为全民参与，引发中华人民共和国历史上空前规模的思想解放运动。党的十一届三中全会高度评价真理标准问题大讨论。邓小平指出：关于真理标准问题的争论，是个关系到党和国家的前途和命运的问题。"一个党，一个国家，一个民族，如果一切从本本出发，思想僵化，迷信盛行，那它就不能前进，它的生机就停止了，就要亡党亡国。"① "只有思想解放了，我们才能正确地以马列主义、毛泽东思想为指导，解决过去遗留的问题，解决新出现的一系列问题，正确地改革同生产力迅速发展不相适应的生产关系和上层建筑，根据我国的实际情况，确定实现四个现代化的具体道路、方针、方法和措施。"② 这样，真理标准大讨论，不仅使党的思想路线实现从"两个凡是"向实事求是的转变，而且为党的政治路线实现从以阶级斗争为纲到以经济建设为中心、从僵化半僵化到各方面改革、从封闭半封闭到全方位开放的转变开启了闸门。从这个意义上说，真理标准问题大讨论引发的思想解放运动，为当代中国进入建设中国特色社会主义新时期的后30年奠定了重要的政治前提。

其次，新中国的前30年为后30年奠定了制度基础。这个制度基础，主要是指带根本性的初始基础，即后30年历史发展的主要根基。最主要的有以下几方面：

——政治制度根基。这包括两个层面：一是作为体现立国之本的人民民主专政制度。如毛泽东指出的，这是如同布帛菽粟一样地不可须臾离开的东西，是一个护身传家的法宝。"这个法宝是万万不可以弃置不用的。"③ 这个根本制度在前30年，无疑奠定了牢固基础；改革开放后的30年，在清除"左"的错误后，它不断得到完善。二是体现

① 《邓小平文选》第二卷，人民出版社，1994，第143页。
② 《邓小平文选》第二卷，人民出版社，1994，第141页。
③ 《毛泽东选集》第四卷，人民出版社，1991，第1503页。

社会主义民主政治的三大基本政治制度在前 30 年也奠定了基础。这就是人民代表大会制度、中国共产党领导的多党合作和政治协商制度，还有民族区域自治制度。这三大制度在后 30 年与时俱进的过程中不断健全和完善起来。

——经济制度根基。前 30 年在社会主义改造基本完成后，公有制经济在整个国民经济中占据绝对优势地位。这为后 30 年进行经济体制改革，坚持和完善公有制为主体、多种所有制经济共同发展的基本经济制度奠定了基础。当然，社会主义改造使公有制成为国家的唯一经济基础，虽然这是一个严重弊端，带来了很多的后遗症，使经济发展缺少活力，但这成为后 30 年经济体制改革的发端。后 30 年之所以能够进行社会主义自我完善的改革，也正是因为有了前 30 年深厚的制度根基。如果没有那样的制度根基，也不可能有坚持社会主义方向的包括建立和健全现代市场体系的各种经济制度的改革。与此相联系，前 30 年的经济发展尽管有动荡起伏，但终究建立起了比较完整的工业体系和国民经济体系，这为后 30 年推进改革开放和现代化建设事业奠定了重要的经济基石。

——社会发展的其他制度根基。这包括教育、科学、文化、卫生、体育和社会建设等方面的某些基本制度和基本方针政策，特别是在 20世纪 60 年代前期制定的许多条例，初步总结了新中国成立以来的历史经验，弥足珍贵。同上述政治、经济制度一样，这些方面的制度既是后 30 年赖以发展的基础，也是后 30 年需要改革的基础。没有这些制度，后 30 年不能发展；不对其进行改革，使之不断健全和完善起来，也不可能有当代中国发展进步的新局面。

——国家安全和外交方针的制度根基。即涉及国家安全和外交事务方面的制度，在前 30 年奠定了扎实的根基。相对于政治、经济、文化、社会方面的发展而言，这两个方面的折腾少一些，因而基础更好一些。党的十一届三中全会以来的后 30 年，不断与时俱进，经过改革和调整某些不合时宜的具体体制和政策，随着国家经济的发展和对外交往的扩大，这两方面的制度建设得到进一步的健全和完善，国家安全更有保障，国际影响力更加增强。

最后，改革开放以来的 30 年是此前 30 年的历史延续、校正方向和创新性发展。

邓小平在 1980 年 10 月指导写的《关于建国以来党的若干历史问题的决议》，讲到对待毛泽东的态度时说过："三中全会以后，我们就是恢复毛泽东同志的那些正确的东西嘛，就是准确地、完整地学习和运用毛泽东思想嘛。基本点还是那些。从许多方面来说，现在我们还是把毛泽东同志已经提出、但是没有做的事情做起来，把他反对错了的改正过来，把他没有做好的事情做好。今后相当长的时期，还是做这件事。当然，我们也有发展，而且还要继续发展。"[1] 这反映了 20 世纪 80 年代我们党对待前 30 年的认识。现在来看，后 30 年的历史内涵远远超出邓小平所讲的情况。如果将前 30 年的历史看作主要是毛泽东领导探索的，那么后 30 年的历史则可视为主要是邓小平领导开辟的。尽管当代中国的实践发展与邓小平讲的那个情况有很大变化，但应当承认，其基本点还是可以用以作比较后 30 年与前 30 年关系的参照的。这个基本点即：

——后 30 年是前 30 年的历史延续。前 30 年既然为后 30 年的发展提供了根本政治前提，奠定了制度基础，那么后 30 年就在此前提和基础上向前发展，包括邓小平讲的将前 30 年已经提出、但没有做的事情做起来。后 30 年无论发生怎样巨大的变化，都离不开前 30 年的前提和基础。因此，后 30 年当然是前 30 年的历史延续。

① 《邓小平文选》第二卷，人民出版社，1994，第 300 页。

——后30年纠正了前30年发生的"左"的错误，因而又是校正了方向的历史延续。前30年，一方面建立了社会主义的初步基础，另一方面又犯了长达20年"左"的错误。特别是"文化大革命"的10年，给国家造成了严重的混乱、破坏和倒退。因此，后30年的发展首先要拨乱反正，否定过去"左"的错误，使党和国家的发展路线回到正确方向上来。党的十一届三中全会的伟大功绩就是实现了这一历史的伟大转折，此后就有了当代中国30年的巨变。因此，后30年的历史延续，不是简单的直线延续，而是有巨大转折的延续。

——后30年还是前30年的创新性发展。后30年对前30年的发展，不是简单的延伸，而是有极大的创新性。正因为如此，在后30年才实现了马克思主义中国化的第二次历史性飞跃。从实践方面说，开辟了以改革开放为鲜明特点的中国特色社会主义道路，这是发展中国、富强中国，实现中华民族伟大复兴的必由之路。从理论方面而言，是形成了包括邓小平理论、"三个代表"重要思想以及科学发展观等重大战略思想在内的中国特色社会主义理论体系；作为这个理论体系本源的邓小平理论，在党的十五大被誉为马克思主义在中国发展的新阶段。中国特色社会主义理论体系作为马克思主义中国化最新成果的理论体系，无疑也应当是马克思主义发展的新阶段。因此，后30年对前30年来说，用哲学语言讲，不是单纯的量的变化，而是发生了部分质变。因此，有一种说法，1949年解放前为旧中国，前30年是新中国，当代中国的30年为"新新中国"。就其所指是在新中国前30年基础上所发生的巨大变化这一点而言（不是讲社会的根本制度），这样讲不是没有道理的。

对于中国的前30年、后30年要采取辩证的方法来看，形而上学、非此即彼是不符合历史的。作为领导干部，要多学一些辩证法，多学一些马克思主义哲学，强化这方面的哲学理论意识，看问题要辩证，不能搞简单化和形而上学。我们现在有些人犯错误，就思想来说，辩证法少，形而上学多，简单化、集中化多，这使我们认识问题、处理问题发生了偏差。很多群体事件的发生，我想同领导人缺少辩证思维有很大的关系，把复杂的问题简单化了。在座的领导干部身上有很重的担子，要学习哲学，用马克思哲学、毛泽东哲学思想武装头脑。我们现在的指导思想是马克思主义思想、毛泽东思想、邓小平理论、"三个代表"重要思想、科学发展观这一系列中国特色社会主义理论体系，这是个政治概念。它的哲学基础是什么？无论是邓小平理论、"三个代表"重要思想还是科学发展观，它们的哲学基础都是毛泽东哲学思想。政治理论随着时间的变化要不断调整方针、路线，所以它的变化就很大。哲学是更加宏观的，会长期起作用。干部要多学一些哲学，用毛泽东哲学思想来武装头脑，认识问题、处理问题会大有益处。

三、60 年发展进步的基本经验

对新中国 60 年的历史经验可以从多种视角进行总结，这里主要根据邓小平提出的思路着重讲 5 点。

（一）坚持实事求是思想路线，是新中国发展进步的根本指南。用实事求是的思想来概括马克思主义的精神实质，使之成为党的思想路线、思想方法和思想作风，这是毛泽东的一个伟大贡献。它要求一切从实际出发，理论联系实际，把马克思主义基本原理与中国具体实际相结合。这是中国革命胜利的法宝，也是中国共产党的各项工作取得成就的基本经验。新中国 60 年的历史发展也说明了这一点。凡是凯歌高奏之时，就是坚持和创造性地运用实事求是思想获得丰硕成果之时；凡是发生曲折和挫折之时，都是违背实事求是思想种下祸根之时；最后纠正错误、拨乱反正，也还是要坚持实事求是思想才能使党的路线和作风重新回到正确轨道上来。

先看前 30 年的历史发展。新中国成立后的头 8 年在总的方面坚持了实事求是思想，遭受战乱破坏的国民经济迅速得到恢复，新民主主义建设全面展开，社会主义改造基本完成，党的八大制定了正确的路线和方针政策，"一五"计划进展顺利，实现了从新民主主义到社会主义的转变。邓小平说，建国后的前八年我们搞得不错，政策是恰当的，发展是健康的，大大缩短了同发达资本主义国家在经济发展方面的差距。当然，在个别方面也存在不实事求是的缺点。但是从 1957 年反右派斗争以后，党的指导思想就逐渐违背甚至完全背离了实事求是的思想路线和作风，"左"的错误越来越严重。邓小平总结这段历史指出，从 1957 年下半年开始，我们犯了"左"的错误，后来又搞"文化大革命"，走到"左"的极端。这一"左"，差不多整整 20 年。粉碎"四人帮"后，由于"两个凡是"的影响，又经历了两年徘徊，"基本上还是因循'左'的错误"。邓小平强调："二十年的历史教训告诉我们一条最重要的原则：搞社会主义一定要遵循马克思主义的辩证唯物主义和历史唯物主义，也就是毛泽东同志概括的实事求是，或者说一切从实际出发。"[①] 这是对前 30 年历史教训的深刻总结。

1978 年开展实践是检验真理的唯一标准问题的大讨论，批评"两个凡是"，就是重新确立实事求是的思想。改革开放的 30 年，就是坚持实事求是思想的 30 年。这主要表现为以下两个方面：

一是实事求是思想本身的内涵得到很大的丰富和发展，被正式确立为党的思想路线和被视为马列主义、毛泽东思想的精髓。

实事求是虽是毛泽东倡导的，但它被明确为党的思想路线却是在党的十一届三中全会以后由邓小平首次提出的。邓小平在 1980 年 2 月

---

① 《邓小平文选》第三卷，人民出版社，1993，第 118 页。

党的十一届五中全会上指出："三中全会确立了，准确地说是重申了党的马克思主义的思想路线。马克思、恩格斯创立了辩证唯物主义和历史唯物主义的思想路线，毛泽东同志用中国语言概括为'实事求是'四个大字。实事求是，一切从实际出发，理论联系实际，坚持实践是检验真理的标准，这就是我们党的思想路线。"①　1982年党的十二大的新党章基本沿用这个表述。此后的历届党章讲党的思想路线都一字未改地沿袭党的十二大党章的提法。邓小平还十分强调实事求是思想的理论意义和实践意义。邓小平在许多讲话中不仅将马克思主义、毛泽东思想、毛泽东哲学思想的精髓，统统归结为"实事求是"，明确指出"要提倡这个，不要提倡本本"②，而且强调，毛泽东之所以伟大，"能把中国革命引导到胜利，归根到底，就是靠这个"③，"我读的书并不多，就是一条，相信毛主席讲的实事求是。过去我们打仗靠这个，现在搞建设、搞改革也靠这个"④。这就将实事求是思想提升到过去从未有过的高度，党的其他领导人也是这样认识实事求是思想的。党对实事求是思想作这样的高度评价，是它在改革开放实践中所发挥的巨大作用在理论上的必然反映。在有的党代会报告中，比如，党的十四大和十六大在论述思想路线内涵时，对邓小平讲的"解放思想"和江泽民讲的"与时俱进"思想还展开作了分析，其意是在强调改革开放实践对党的思想路线的丰富和发展，也是从动态的、发展的眼光拓展实事求是思想的内涵。

二是创造性地运用实事求是思想拨乱反正，制定改革开放的方针政策，是开辟中国特色社会主义道路和创立中国特色社会主义理论的

①　《邓小平文选》第二卷，人民出版社，1994，第278页。
②　《邓小平文选》第三卷，人民出版社，1993，第382页。
③　《邓小平文选》第二卷，人民出版社，1994，第126页。
④　《邓小平文选》第三卷，人民出版社，1993，第382页。

直接之源。

实事求是被明确为党的思想路线之后，也就成为在实践上开辟中国特色社会主义道路，在意识形态上创立中国特色社会主义理论的出发点和根本点。过去为什么犯"左"的错误呢？除了在理论上有对马列著作的某些观点有误解或将其教条化之外，就是对中国的实际国情缺乏实事求是的认识和把握。因此，邓小平讲坚持马列主义和社会主义时，一般不作抽象的泛泛之论，而赋予其明确内涵，强调"马克思主义必须是同中国实际相结合的马克思主义，社会主义必须是切合中国实际的有中国特色的社会主义"①。基于这个思想，邓小平在党的十二大提出：我们的现代化建设，必须从中国的实际出发。"把马克思主义的普遍真理同我国的具体实际结合起来，走自己的道路，建设有中国特色的社会主义，这就是我们总结长期历史经验得出的基本结论。"② 也是基于这个思想，在进行思想路线和政治路线拨乱反正的同时，作出实行改革开放的伟大决策，开始了从僵化半僵化到全面改革、从封闭半封闭到全面开放的转变历程。对内改革从农村开始。邓小平指出：从中国的实际出发，首先解决农村问题，中国有百分之八十的人口住在农村。我们首先在农村实行搞活经济和开放政策，总的说就是搞责任制，给农民自主权，给基层自主权，他们的积极性就调动起来了，农村的面貌就改变了。"农村改革的成功增加了我们的信心，我们把农村改革的经验运用到城市，进行以城市为重点的全面经济体制改革。"③ 对外开放是从学习外国经验开始。邓小平对出访的领导人交代："详细地作一番调查研究，看看人家的现代工业发展到什么水平了，也看看他们的经济工作是怎么管的，资本主义的先进经验，我们

---

① 《邓小平文选》第三卷，人民出版社，1993，第63页。
② 《邓小平文选》第三卷，人民出版社，1993，第3页。
③ 《邓小平文选》第三卷，人民出版社，1993，第238—239页。

应当把它学回来。"① 这以后就办经济特区，到 20 世纪 90 年代，形成全方位、多层次、宽领域的立体开放网络体系，经过 20 多年的努力，一个闭关自守的贸易弱国就一跃成为名列世界前茅的贸易大国。邓小平从多个角度总结了实事求是思想是改革开放取得伟大成就的思想之源的经验。邓小平从制定政策的角度指出："从一九七八年党的十一届三中全会开始，制定了一系列新的方针政策。这些方针政策，归根到底就是恢复和坚持毛泽东同志提出的实事求是的思想路线，根据这条思想路线来探索中国怎样建设社会主义。"② 他从推进改革开放过程的角度指出："我们是走一步看一步，有不妥当的地方，改过来就是了。总之，遵循一个原则，就是实事求是。"③ 真理就从实践中来，通过实践不断总结经验教训，这就是摸着石头过河。很多设想也要通过实践不断改变，设想也是根据过去的经验来的。戈尔巴乔夫改革失败，很重要的经验教训就是盲目照抄了美国的休克疗法，把苏联搞得一塌糊涂，垮了。休克疗法在美国可能成功，但在苏联绝对不可能成功。一个这么强大的苏联就瓦解了。休克疗法不符合苏联的实际，现在普京上台也慢慢改变了以前的做法，所以我们说用理论来指导实践和摸着石头过河并不矛盾，这是从不同的角度来讲问题。邓小平还从取得成就的角度说："我们取得的成就，如果有一点经验的话，那就是这几年来重申了毛泽东同志提倡的实事求是的原则。"④

因此，实事求是思想是新中国成立 60 年来，特别是改革开放 30 年来获得辉煌成就的伟大指南。

---

① 《中华人民共和国史（1977—1981）》，高等教育出版社，2010，第 27 页。
② 《改革开放重大事件和决策述实》，人民出版社，2008，第 44 页。
③ 《邓小平文选》第三卷，人民出版社，1993，第 78 页。
④ 《邓小平文选》第三卷，人民出版社，1993，第 95 页。

（二）坚持建设中国特色社会主义，为新中国发展进步指明了方向。邓小平讲到我们国家的历史经验时多次指出："我们总结了几十年搞社会主义的经验。社会主义是什么，马克思主义是什么，过去我们并没有完全搞清楚。"① 他还说：什么是社会主义，如何建设社会主义，"我们的经验教训有许多条，最重要的一条，就是要搞清楚这个问题"②。所以我认为，新中国 60 年的经验就是什么是社会主义，如何建设社会主义，这就是问题的根本。如果说实事求是讲的是思想路线问题，这里则是分析政治理论认识根源。

什么是社会主义呢？最核心的是社会主义本质问题。过去对"什么是社会主义"没有完全搞清楚，归根结底就是对社会主义本质问题没有完全搞清楚。因为过去从未这样提出过问题，包括我们熟读的老祖宗的许多"本本"也没有定义过这个问题。理论上凭借的是马列著作关于社会主义的那些原则论述，实践上最初就是学习苏联建设社会主义的模式。长期以来的思维定式，认为社会主义有五大要素：生产资料公有制、按劳分配、计划经济、无产阶级专政、马克思主义为指导。这构成社会主义的总体概念。20 世纪 80 年代初，邓小平开始探索这个问题，指出：社会主义是一个很好的制度，但是如果不能采取正确的政策，就体现不出社会主义的本质。什么是社会主义的本质呢？他经过长时间深邃思考，在 1992 年南方谈话中提出："社会主义的本质，是解放生产力，发展生产力，消灭剥削，消除两极分化，最终达到共同富裕。"③ 这是运用马克思主义对社会主义本质的首次界定。这个界定纠正了过去长期的偏颇思维定式，特别是忽视生产力发展的错误观念，突出了生产力的最终决定作用和生产力与生产关系、经济基

---

① 《邓小平文选》第三卷，人民出版社，1993，第 137 页。
② 《邓小平文选》第三卷，人民出版社，1993，第 116 页。
③ 《邓小平文选》第三卷，人民出版社，1993，第 373 页。

础与上层建筑的矛盾运动，把对社会主义的认识提高到新的科学水平，为明确社会主义的根本任务奠定了理论基础。这是对"什么是社会主义"的创造性的回答，也是对马克思主义理论的重大发展。

对邓小平关于社会主义本质的概括，有的人感到不好理解，认为哪一个国家不发展生产力，发达国家不也在消除两极分化吗，怎么能将其概括为社会主义的本质？我认为，对邓小平关于社会主义本质的概括，不能离开我们目前所处的社会主义初级阶段这个时代条件和历史环境来抽象谈论。邓小平正是从目前我国所处的社会主义初级阶段这个具体实际来讲社会主义的本质的。按照邓小平的说法，尽管我们在努力建设社会主义，但实际上"不够格"。这是很直白的大实话，问题讲得很尖锐。这样的话也只有邓小平能讲。一般人往往将主观努力当作客观实际来认识，在思维上是逻辑混淆，在认识上是传统思想的束缚。邓小平的思想解放也表现在这里。所以邓小平说，我们要解放思想，包括对"什么是社会主义"也要解放思想，这就是一个重要佐证。为什么要将解放生产力、发展生产力，规定为社会主义的本质？很简单，就是因为我们在半殖民地半封建社会的基础上建立的社会主义制度，生产力太不发达，经济发展太滞后了，不能满足人民群众日益增长的物质文化生活需要。过去长期搞阶级斗争为纲，使人民群众的生活水平没有得到改善，有两三亿人口处于贫困状态。贫穷绝不是社会主义。中国共产党抛头颅、洒热血就是要一个贫穷的社会主义？这是怎么也说不过去的。那不是共产党人所追求的社会主义。杨靖宇不会为将来一个贫穷的社会主义将肚子里填满稻草和棉絮，方志敏写《可爱的中国》是希望中国母亲能够富强起来，而不是仍然忍饥挨饿。所以，贫穷的社会主义是异化的社会主义。既然如此，从中国处在社会主义初级阶段的实际出发，提出社会主义的本质要解放生产力、发展生产力，我以为太符合我们建设中国特色社会主义的实际了。

　　至于消除两极分化，这也要科学理解。将"消除两极分化"作为社会主义本质的一个规定性，是就社会主义的目标和任务而言的，即我们要建设的社会主义需要消除两极分化。资本主义发达国家要消除两极分化，这没有什么不好，有利于改善普通百姓的生活福利，我们社会主义国家不该反对。因此，对社会主义本质的规定性，不要作排他性的理解。过去对社会主义的认识往往强调唯一性、排他性，"只此一家，别无他家"，这不符合客观实际，要矫正这个认识。发展生产力、消除两极分化等都不具有排他性。社会主义要求这个，非社会主义也要求这个，否则社会没法向发展进步。因此，对邓小平讲的关于社会主义的本质的概括，不要作绝对化的解读。这不符合他的本意，也不是他考虑和提出问题的思路。历史是发展的，社会主义也是发展的。以后我们国家发展到新的阶段，对社会主义的本质还会有新的认识、作出新的概括的。任何真理都不是绝对的，而是绝对和相对的统一。说白了，邓小平对社会主义本质的概括，既然是立足于社会主义初级阶段的实际，其真理性当然是相对的。不过要指出的是：现在的这五句话"解放生产力，发展生产力，消灭剥削，消除两极分化，最终达到共同富裕"，至少在新中国成立 100 周年以前、我们还处于初级阶段的时期还是管用的。

　　对"什么是社会主义"没有完全搞清楚，还在于不了解我们国家所处的社会主义历史方位，没有认识到我们国家还处在社会主义初级阶段。这也是那时犯"左"的错误的一个重要认识论根源。邓小平总结经验指出：过去犯了"左"的错误，就是"制定的政策超越了社会主义的初级阶段"[①]。因此，要搞清楚"什么是社会主义，怎样建设社会主义"，就必须搞清楚什么是初级阶段的社会主义，在初级阶段怎样

---

① 《邓小平文选》第三卷，人民出版社，1993，第 269 页。

建设社会主义。我们党在 1981 年的《关于建国以来党的若干历史问题的决议》中提出社会主义的初级阶段问题。党的十三大从社会性质和社会发展阶段两个方面，阐发了我国处于社会主义初级阶段的理论。江泽民在党的十五大对社会主义初级阶段的内涵作了新的阐发，强化在这个阶段要实现工业化和经济的社会化、市场化、现代化的认识。2007 年 2 月，中央领导人撰文，进一步指出，讲初级阶段不光要讲生产力的不发达，还要讲社会主义制度的不够完善和不够成熟。它有两大任务：一是解放和发展生产力，极大地增加全社会的物质财富；二是逐步实现社会公平与正义，极大地激发全社会的创造活力和促进社会和谐。这进一步丰富了社会主义初级阶段理论。胡锦涛在纪念党的十一届三中全会 30 周年大会上的讲话又强调："发展中国特色社会主义，最根本的就是一切都要从社会主义初级阶段这个最大的实际出发。"只有这样，才能坚定不移地走中国特色社会主义道路。社会主义初级阶段论是对马克思主义理论又一个创造性发展。

（三）坚持"一个中心，两个基本点"的基本路线，是新中国发展进步的正确政治路线。如果说社会主义本质论和社会主义初级阶段论，主要回答"什么是社会主义"的问题，那么"一个中心，两个基本点"的基本路线则主要回答"怎样建设社会主义"，即在初级阶段怎样建设社会主义的问题。基本路线的初始思想，在改革开放前已经有了。前30 年给我们提供了很多重要的理论认识，以经济建设为中心的思想在党的八大基本形成。当时我们国家在社会主义改造基本完成之后的主要任务就是要满足人民群众不断增长的物质文化需要，因此要集中力量发展生产力。在党的八大决议中明确指出：党和全国人民当前的主要任务是集中力量发展生产力。这可以说是后来概括的基本路线的第一个要素。基本路线的第二个要素就是坚持四项基本原则，这也是前30 年就已经清楚了的。如邓小平所说是我们党长期坚持的，尽管那时没有这样的说法。关于改革开放这个基本点，在党的八大前后也有许多很好的思想。但是这个基本点同以经济建设为中心的思想一样，这两大要素都不牢固，没有一以贯之地坚持下来。当然，那个时候，这三大要素更不可能作为一个完整的思想提出。

改革开放以后，经过拨乱反正，不断总结经验，在党的十三大才对党的基本路线内容第一次作了明确概括，完整地提出了"一个中心，两个基本点"的思想，并将其称为我们党的主要经验。此后，邓小平、江泽民、胡锦涛都不断强调它的重要意义，要求全党对基本路线在任何情况下（发生大规模战争，要保卫祖国时除外）都要坚定不移。邓小平在 1992 年南方谈话中斩钉截铁地指出："基本路线要管一百年，动摇不得……谁要改变三中全会以来的路线、方针、政策，老百姓不答应，谁就会被打倒。"① 胡锦涛在党的十七大报告强调了它的理论意义："党的基本路线是党和国家的生命线，是实现科学发展的政治保证。以经济建设为中心是兴国之要，是我们党、我们国家兴旺发达和长治久安的根本要求；四项基本原则是立国之本，是我们党、我们国家生存发展的政治基石；改革开放是强国之路，是我们党、我们国家发展进步的活力源泉……任何时候都决不能动摇。"这三句话有个逐步完整的过程。讲立国之本比较早，在党的十三大提出基本路线时就提出了；关于强国之路，是江泽民在纪念改革开放 20 周年的报告中提出的；至于兴国之要，则是党的十七大提出的。对这个基本路线三大要素地位所作的概括和理论的提升，前前后后差不多经过了 30 年的时间。所以，怎样建设社会主义？坚持党的基本路线不动摇，这是积新中国 60 年历史发展之基本经验。

---

① 《邓小平文选》第三卷，人民出版社，1993，第 370—371 页。

（四）建立社会主义市场经济，为新中国发展进步选择了建设社会主义的正确经济体制和机制。这是对怎样建设社会主义的最具创造性的探索和回答。关于社会主义与市场经济的关系，是世界现代经济理论的一大难题。20世纪20年代以来世界上的共产党人和非共产党人就在研究这一难题，20世纪50年代以来的社会主义国家为它进行了艰辛的探索，但一直没能解决。新中国成立后，我们党的领导人虽然没有社会主义可以搞市场经济的认识，但毛泽东等人已经提出社会主义需要发展商品生产思想。难能可贵的是有的经济学家对此作了艰苦的探索，但是或被埋没了，或遭到批斗。

党的十一届三中全会以后，改革开放的伟大实践使我们党逐渐找到了破解这个理论难题的途径。邓小平开始探索这个问题，之后江泽民在党的十四大报告里，对我们国家经济体制的改革方向作出选择，决定从计划经济转为市场经济，最后又不断丰富和发展市场经济的体制和机制。但到目前来说还很不健全，还不完善。局部方面，局部环境还有变形，还有扭曲，不符合最初提出市场经济体制初衷的一些东西，这需要继续努力来解决。但是社会主义体制机制，我国这些年的快速发展，这也是对马克思理论的重大发展，因此这也是很重要的基本经验。从实践层面说，一是农村实行家庭联产承包责任制改革引发的全面经济体制改革，二是兴办经济特区推动形成全国对外开放格局，为探索社会主义可以搞市场经济体制奠定了实践基础。从理论层面说，1984年党的十二届三中全会通过的《关于经济体制改革的决定》提出社会主义是"公有制基础上有计划的商品经济"社会的论断，为探索社会主义可以搞市场经济体制作了重要理论准备。在党的领导人中，邓小平自改革开放起，就在研究这个问题。他前后讲了十多次，认为社会主义和市场经济之间不存在根本矛盾，"不要以为搞点市场经济就是资本主义道路，没有那回事"[1]，"它为社会主义服务，就是社会主义的"[2]。在 1992 年南方谈话中，他再次强调：计划和市场都是经济手段，不是社会主义与资本主义的本质区别；并且要求社会主义应大胆吸收和借鉴当今世界各国包括资本主义发达国家的一切反映现代社会化生产规律的先进经营方式和管理方法。以邓小平对社会主义和市场经济关系的认识为基础，党的十四大明确提出把建立社会主义市场经济体制作为我国经济体制改革的目标，从而使我们国家实现了由计划经济向社会主义市场经济的转变。十多年来，关于社会主义市场经济体制和机制的若干重大方针政策在不断丰富和完善，为经济的快速、持续发展，并取得震惊世界的成就提供了活力。社会主义市场经济体制及其理论的创立，是一个伟大的创造，破解了世界近现代史上的一大难题，使我们党不仅实现了对于经济体制改革认识的飞跃，而且对于整个社会主义的认识也有巨大改变。这是改革开放 30 年来最伟大的政治经济理论成果，是对马克思和恩格斯科学社会主义观的重大发展，也是邓小平理论构建成为一个新的理论形态的根本标志。

（五）提出科学发展观为新中国发展进步，探索到正确的发展理念，总结出正确的发展规律。这是对探索怎样建设社会主义所取得的又一重要成果。新中国成立 60 年来，经济社会的发展能取得举世瞩目的成就，与对发展的认识不断地走向全面和科学有密切关系。中国共产党的成立肩负着振兴中华、强国富民的历史使命。新中国成立后，一代又一代中国共产党人都在为实现这个伟大目标而奋斗。说到底，就是为解决中国的发展问题进行艰辛探索。既然是探索，在实现什么样的发展和怎样发展的问题上，就会有胜利的欢悦，也会有曲折的痛

---

[1] 《邓小平文选》第三卷，人民出版社，1993，第 364 页。

[2] 《邓小平文选》第三卷，人民出版社，1993，第 203 页。

苦。3 年"大跃进"运动和 10 年"文化大革命",可以说是发展过程中的错误实践。

党的十一届三中全会后的拨乱反正,也包括对实现什么样的发展和怎样发展的方针政策在内,从此走上正确的发展道路,使神州大地的面貌发生历史性变化。但是,由于人口多、底子薄、发展不平衡,在前进中仍面临着一些突出矛盾和问题。这主要有长期形成的结构性矛盾和粗放型增长方式尚未根本改变,城乡、区域、经济社会发展不够协调;人口资源环境压力加大,就业、社会保障、教育、医疗等民生问题比较突出,民主法制建设与扩大人民民主和经济社会发展的要求还不适应,社会主义先进文化的发展与日益增长的人民精神需求和人们思想活动的独立性、选择性、多变性、差异性还有差距,社会建设和管理同社会结构、社会组织形式、社会利益格局的深刻变化相比还滞后等矛盾和问题。为更好地解决这些矛盾和问题,需要顺应当今世界发展潮流,改变将发展仅仅看成是经济增长的陈旧观念,创造新的发展模式,确立包括经济、政治、文化、社会全面发展和人与自然和谐发展的新理念。以胡锦涛同志为总书记的党中央在总结新中国数十年来发展的历史经验特别是改革开放以来新鲜经验的基础上,借鉴国外发展理论有益成果,于 2003 年正式提出科学发展观。这个新的发展观,在实践上回答了在中国以什么样的发展理念,采取怎样的发展方式,来建设社会主义;在理论上深化了对社会主义发展规律的认识,把坚持以人为本和经济社会全面、协调、可持续发展统一起来,赋予党的发展理论以新的时代内涵和实践要求,实现了由以社会为本的发展观到以人为本的发展观的转变,是对马克思主义关于发展理论的重大发展。从新中国成立以来,我们这些年的发展也不能说是以物为本。过去是以社会为本,主要强调社会的发展。从以社会为本到以人为本,这是一个不可跨越的历史阶段,社会的发展和人的发展这个关系是辩证的，需要代价。现在随着人的地位在发展中越来越高之后，应该转变，再不转变代价就更大。所以，与时俱进，提出科学发展观，是以社会为本的发展观到以人为本的发展观的转变，这是个英明的决策。

总而言之，上述五点讲的五条基本经验，实际上就是我们党目前对"什么是社会主义和怎样建设社会主义"的基本回答。它分为两个层次。前两点主要回答什么是社会主义。即一个是对社会主义本质论的认识，另一个是对我们所处的发展阶段初级阶段的认识。后三点主要回答怎样建设社会主义。积累新中国成立60年来正反两方面的经验，怎样建设社会主义，有很多经验、很多法宝。但在我看来，一是坚持"一个中心，两个基本点"的基本路线；二是坚持社会主义市场经济体制改革；三是坚持科学发展观。这是诸多法宝中最重要的三大法宝。

新中国成立60年来，虽然成就巨大，经验丰富，但是就实现中华民族的伟大复兴这个历史重任来说，可以套用毛泽东60多年前的中共七届二中全会报告的思路，即这只是万里长征走完了第一步，还只是一出长剧的序幕，而不是高潮。建设中国特色社会主义的事业是伟大的，但是建设中国特色社会主义的路还很长，今后的任务更艰巨，工作更艰苦。但是中国共产党人作为中国先进生产力的发展要求的代表，作为中国先进文化的前进方向的代表，作为中国最广大人民的根本利益的代表，应当实现，也一定能够实现这个奋斗目标。在前进的道路上不断解决新矛盾、新问题，使广大人民群众满意，中国共产党也能够长期执政下去。

从站起来、富起来到走向强起来的 70 年[①]

在中华民族 5000 年历史上，曾经创造多个辉煌盛世。新中国成立 70 年，既是中国近代历史从贫弱衰败走向振兴繁荣的伟大转折，也是承接历史盛世新的开篇。盛世并不意味着历史是笔直的线性发展，经历曲折和挫折而崛起的盛世往往更加绚丽斑斓、分外妖娆。

一、为什么新中国能够站起来

新中国成立时，毛泽东在中国人民政治协商会议第一届全体会议上庄严宣告"中国人从此站立起来了"！它标志着中国人民从深受奴役和压迫的半殖民地半封建社会进入人民当家作主的新时代。

新中国为什么能够站起来？从宏观层面说，最根本的原因就是有了以毛泽东同志为核心的中国共产党坚强又正确的领导。

让我们穿越近代中国的历史隧道吧！1840 年鸦片战争后，中国陷入半殖民地半封建社会的黑暗深渊。无数志士仁人前仆后继、不懈探索，寻找救国救民道路，却无一不抱憾而终。几次大规模的斗争，无论农民起义、君主立宪，还是资产阶级共和制等救国之道都相继失败。

---

① 该文原题是《略论新中国从站起来到富起来走向强起来——庆祝新中国成立七十周年》，是作者应邀为中共中央党校主管的《理论视野》刊物撰写的文章，发表在该刊 2019 年第 6 期。

20 世纪前期，俄国十月革命的胜利极大地鼓舞了中国人民。这使苦苦求索救国救民真理的中国先进分子在茫茫黑暗中看到了光明。他们开始用无产阶级的宇宙观作为观察国家命运的工具，重新考虑救国出路。1921 年中国共产党成立，尽管知事者寥寥，但它却是开天辟地的大事件，从此改变了中国历史方向。中国共产党领导中国人民经过 28 年艰苦卓绝斗争，建立新中国，奠定了中华民族站立起来的历史基础。

新中国成立时经济社会发展是什么状况呢？真乃积贫积弱、一穷二白。1949 年工农业几个主要产品的年产量是：钢为 15.8 万吨，粮食约为 1.1 亿吨，棉花约为 44.4 万吨，对外贸易总额不到 41.3 亿元，国内生产总值不到 679 亿元，在世界排名属于后列。毛泽东形象地说，现在我们能造什么？能造桌子椅子，能造茶壶茶碗，但一辆汽车、一辆拖拉机都不能造。就是这么一个底子，新中国却昂首挺胸地站起来了！

这是因为只有马克思主义能够救中国，只有社会主义能够发展中国。中国共产党领导中国人民走社会主义道路，使新中国站起来有了政治、经济、社会和国家安全的坚实基础。具体如下：

（一）新中国能够站起来，首先是因为建设起了符合中国实际情况的人民民主专政制度，实现了国家空前的独立统一和民族团结。这个制度，使中国人民成为社会的主人。经过一系列政治建设和改革，国家的法律和政令普遍实施于全国各地区直至基层单位，根本改变了旧中国四分五裂的局面，迅速实现和巩固了国家基本统一，实现和巩固了全国各族人民和各阶层人民的大团结。社会主义基本制度的建立，牢固确立了新中国能够站起来的根本政治前提和制度基础。

（二）新中国能够站起来，还因为社会主义改造基本完成后，建立起以生产资料公有制和按劳分配为主体的经济制度以及独立的比较完整的工业体系和国民经济体系。我国在迅速医治战争创伤、恢复国民经济的基础上，实行大规模经济建设，改变了旧中国工业极端落后、国民经济破败不堪的面貌。在探索适合我国情况的社会主义建设过程中，尽管发生过曲折和挫折，但经过调整和整顿，以及采取特别措施，仍独立研制出"两弹一星"，一些高科技项目取得重大突破，成为拥有独立的比较完整的工业体系和国民经济体系大国，牢固地确立了能够站起来的必要物质基础。

（三）新中国能够站起来，还因为关系广大人民群众生存、生活和发展进步的各项社会事业得到很大发展，人民的基本需求有了一定的保障。1949 年，城镇居民人均可支配收入不足 100 元，农村居民人均可支配收入不足 50 元，多数人口长期处于饥饿半饥饿的状态。旧中国的教科文卫事业同经济一样落后，生活在社会底层的广大工人和农民多为文盲。新中国成立后，教科文卫体等各项事业得到很大发展，社会风气有了很大改变。如邓小平所说的，我们只花了三年时间，就将旧社会那些丑恶的东西一扫而光。这是新中国能够站起来的坚实社会基础。

（四）新中国能够站起来，还因为结束了旧中国屡受外国欺凌侵略的屈辱历史，党领导的人民武装力量挫败了帝国主义、霸权主义的侵略和武装挑衅，巩固的国防使祖国领土完整和人民安全有了绝对保障。朝鲜战争将战火烧到鸭绿江边，我国面临着非常艰难的选择：经济刚刚开始恢复，物资极度匮乏，财政状况甚为困难，人民政权没有完全巩固，人民解放军武器装备相当落后。面对的美国却是世界上经济实力最雄厚、军事力量最强大的国家。就综合国力而言，1950 年美国的工农业总产值约为 2800 亿美元，而我国仅有 100 多亿美元。论军事装备，美国拥有包括原子弹在内的大量先进武器和现代化的后勤保障，而我军基本处于"小米加步枪"水平。敌我力量如此悬殊，出兵参战，能不能打赢？国内经济建设还能否进行？这些是不能不考虑的重大问题。党中央多次讨论，在反复权衡利弊之后，毅然决定派遣中国人民志愿军参战，并做好应对最坏局面的准备。经过两年多极其艰苦的军事政治较量，粉碎了以美国为首的"联合国军"的猖狂进攻，使得不可一世的美国侵略者接受谈判实现停战。志愿军入朝作战，经受了现代战争的洗礼，既打出了人民军队的军威，也打出了新中国的国威。中国人民真正扬眉吐气地站起来了。

二、为什么改革开放以来中国能够富起来

改革开放是中华民族发展史上的伟大革命，也是我们党的伟大觉醒。它孕育了从理论到实践的伟大创造，推动中国人民在中国特色社会主义道路上实现从站起来到富起来的伟大飞跃。

改革开放以来中国为什么能够富起来？其实，没什么秘诀，党的路线、方针、政策是公开的，主要看怎么体悟。若要这样讲，至少有这么四大秘诀。

（一）坚持社会主义初级阶段基本路线始终不动摇。提出我国处在社会主义初级阶段，是以邓小平同志为核心的党中央在我国社会性质和社会发展阶段这个根本问题上得出的正确认识。邓小平指出：社会主义的初级阶段就是不发达阶段。一切都要从这个实际出发。党的十三大指出：我们党从我国的国情出发，确认在生产力发展水平远远落后于发达国家的条件下建设社会主义，必须先解决工业化和经济的社会化、市场化、现代化的任务，时间至少在百年以上。这是不可逾越的相当长的历史阶段。基于这个认识，根据邓小平关于"一个中心、两个基本点"的论述，党的十三大制定了党在社会主义初级阶段的基本路线，指出：领导和团结全国各族人民，以经济建设为中心，坚持四项基本原则，坚持改革开放，自力更生、艰苦创业，为把我国建设

成为富强、民主、文明的社会主义现代化国家而奋斗。

党的十三大后，邓小平不断强调坚持"一个中心、两个基本点"的基本路线不能改变。他在1992年南方谈话中指出："要坚持党的十一届三中全会以来的路线、方针、政策，关键是坚持'一个中心、两个基本点'。不坚持社会主义，不改革开放，不发展经济，不改善人民生活，只能是死路一条。基本路线要管一百年，动摇不得。只有坚持这条路线，人民才会相信你，拥护你。"① 这段话反映了人民的心声。右的干扰，搞资产阶级自由化，要动摇这条基本路线，人民不答应；"左"的干扰，否定改革开放，要改变这条基本路线，人民也不答应。"基本路线要管一百年"，人民吃了定心丸。

以江泽民同志为核心的党的第三代中央领导坚定地表示：党的基本路线是一个中心，不是两个中心；是两个基本点，不是一个基本点。在此基础上，提出作为基本路线在社会主义初级阶段经济、政治、文化等方面展开的基本纲领和必须坚持的基本经验。以胡锦涛同志为总书记的党中央领导对改革开放以来的实践经验有新的提升，对"中国特色社会主义道路"内涵作了规范性表述，强调它的核心，就是在中国共产党领导下，立足基本国情，以经济建设为中心，坚持四项基本原则，坚持改革开放，解放和发展生产力，巩固和完善社会主义制度。习近平在庆祝中国共产党成立95周年大会上的讲话中指出："党的基本路线是国家的生命线、人民的幸福线，我们要坚持把以经济建设为中心作为兴国之要、把四项基本原则作为立国之本、把改革开放作为强国之路，不能有丝毫动摇。"

党的基本路线，既然是国家的生命线、人民的幸福线，它无疑就是能够使中国富起来的重要秘诀。

---

① 《邓小平文选》第三卷，人民出版社，1993，第370—371页。

　　（二）坚持社会主义市场经济改革方向，使其体制机制愈益健全和完善。改革开放以来最大的理论成就，就是挑战了社会主义搞市场经济的不可能，创造性地发展了马克思主义。我国从当年经济发展总量相当落后的窘迫状况一跃而成为世界第二大经济体，得益于发展了社会主义市场经济。这首先应归功于邓小平。他没有被社会主义只能实行计划经济的紧箍咒束缚住，从 1979 年开始一直在思考这个问题。他不断指出，社会主义和市场经济之间不存在根本矛盾，计划和市场都是方法。只要对生产力发展有好处，就可以利用。它为社会主义服务，就是社会主义的；为资本主义服务，就是资本主义的。资本主义与社会主义的区分不是计划还是市场这样的问题。不要以为搞点市场经济就是资本主义道路，没有那么回事。1992 年南方谈话是发展社会主义市场经济的定海神针。邓小平强调，计划多一点还是市场多一点，不是社会主义与资本主义的本质区别。计划经济不等于社会主义，市场经济不等于资本主义，计划和市场都是经济手段。社会主义要赢得与资本主义相比较的优势，必须大胆吸收和借鉴人类社会创造的一切文明成果，吸收和借鉴当今世界各国包括资本主义发达国家的一切反映现代社会化生产规律的先进经营方式和管理方法。

　　根据邓小平对社会主义和市场经济关系的多次谈话，特别是 1992 年南方谈话的精神，党的十四大确立我国经济体制改革的目标是建立社会主义市场经济体制。《中共中央关于建立社会主义市场经济体制若干问题的决定》，明确了市场在国家宏观调控下对资源配置起基础性作用，勾画出我国社会主义市场经济体制的基本框架。此后历次党代会进一步明确并不断重申坚持和完善公有制为主体、多种所有制共同发展的基本经济制度。这就是：必须毫不动摇地巩固和发展包括控制国民经济命脉的国有经济和对实现共同富裕具有重要作用的集体经济的公有制经济；必须毫不动摇地鼓励、支持和引导非公有制经济发展。

个体、私营等各种形式的非公有制经济，是社会主义市场经济的重要组成部分。各种所有制经济完全可以在市场竞争中发挥各自优势，相互促进，共同发展。2001年12月，我国政府经过艰辛谈判，加入世界贸易组织。这意味着我国市场化改革与世界接轨，对外开放进入新阶段。

坚持社会主义市场经济改革方向，核心问题是处理好政府和市场的关系。党一直在根据实践拓展寻找科学定位。党的十八届三中全会确定为"使市场在资源配置中起决定性作用和更好发挥政府作用"。这是在理论和实践上的重大推进。习近平指出："坚持社会主义市场经济改革方向。提出建立社会主义市场经济体制的改革目标，这是我们党在建设中国特色社会主义进程中的一个重大理论和实践创新，解决了世界上其他社会主义国家长期没有解决的一个重大问题。"①

我们党充分发挥党的领导和社会主义制度的优势，不断坚持社会主义市场经济改革方向，我国已进入中等收入国家行列。2020年，全面建成小康社会，实现从站起来到富起来的伟大飞跃！如果说改革开放是决定当代中国命运的关键一招，那么坚持社会主义市场经济改革方向，使其体制机制愈益健全和完善，是中国能够富起来的又一个关键。

（三）坚持经济社会科学发展，不断处理好改革、发展和稳定等各种关系。改革开放以来，我国经济社会发展迅速。同时，发展不平衡、不协调、不可持续等问题显现出来。1993年9月，邓小平指出：发展起来以后的问题不比不发展时少。十二亿人口怎样实现富裕，富裕起来以后财富怎样分配，这都是大问题。解决这个问题比解决发展起来

---

① 习近平：《切实把思想统一到党的十八届三中全会精神上来》，载《求是》2014年第1期。

的问题还困难。1995 年 9 月，江泽民论述了正确处理改革、发展、稳定这个总揽全局的，以及速度和效益，经济建设和人口、资源、环境，东部地区和中西部地区，收入分配中国家、企业和个人等十二大关系。党的十六大后，以胡锦涛同志为总书记的中央领导围绕什么是发展、为什么发展、怎样发展等重大问题，准确把握发展的阶段性特征，强调科学发展新理念，于 2003 年提出了科学发展观战略思想。

科学发展观的内涵简洁，各要素的功能明确。作为第一要义的"发展"，是为发展中国特色社会主义打下坚实基础；作为核心的"以人为本"，是突出党的一切奋斗和工作都是为了造福人民；作为基本要求的"全面协调可持续"，是使人民在良好的自然生态环境和人文社会环境中生产、工作和生活，实现经济社会永续发展；作为根本方法的"统筹兼顾"，是为了正确认识和妥善处理中国特色社会主义事业中的重大关系。这个科学理论是在深刻总结我国长期以来经济建设的经验教训和充分吸收人类现代文明进步最新成果的基础上提出的。它不仅坚持和拓展了"发展是硬道理"和"发展是党执政兴国的第一要务"思想，而且将中国特色社会主义的正确发展方向和中国共产党执政的科学发展理念贯通起来，把坚持以人为本和经济社会全面、协调、可持续发展统一起来。这就深化了对于社会主义发展规律的认识，是中国化马克思主义发展理论的新形态。

强调经济社会的科学发展，避免了经济社会发展的大起大落、畸轻畸重、顾此失彼、舍本逐末；强调以人为本，就是以人民为中心，使人民获得改革的红利，有更多的获得感、成就感、幸福感。正因为如此，我国经济社会发展总体上又好又快，2010 年的国内生产总值超过日本，成为世界第二大经济体，人民富裕程度普遍提高。因此，坚持经济社会科学发展、以人为本，是中国能够富起来的一个重要秘诀。

（四）坚持独立自主外交方针和在国际风云变幻的严峻形势下中国

在世界上的自处之道。国家要发展，人民要富裕，除了内部因素外，还要有安邦睦世的外部环境。改革开放以来，我国继续奉行独立自主的外交政策，坚持和平共处五项原则，把为改革开放和现代化建设争取较长时期的和平环境作为首要任务。20 世纪 80 年代中期，邓小平提出和平与发展是当代世界两大主题，中国执行改革开放政策，争取 50 年到 70 年时间发展起来。这个战略思想是我国处理国际事务的基本指针。20 世纪 80 年代末期以后，出现了罕见的国际风云急剧变幻。面对东欧剧变、苏联解体，西方国家对我国实行严厉制裁的紧要关头，邓小平高瞻远瞩地提出了一套指导我国在世界上如何应对国际风云的自处之道，做到不做附庸，也不搞霸权；不利用别国，也不受别国挑动；广交朋友，又心中有数；决不当头，又有所作为；不以社会制度为标准来处理国家关系，也不搞意识形态争论来影响政党关系；不把自己的社会制度和意识形态强加于人，也不允许别的国家把自己的社会制度和意识形态强加于我；同某些外国的关系难免不发生起伏和冷热，但坚持同所有国家发展友好关系，为国内改革、开放和现代化建设争取一个稳定的国际和平环境。这些思想被归纳为冷静观察、稳住阵脚、沉着应付、韬光养晦、善于守拙、决不当头、有所作为等对外关系指导方针。此后几届中央领导遵循这些方针，妥善处理了若干一触即发的危机，化险为夷，为我国和平发展赢得了时间。这也是我国能够从站起来走向富起来的重要秘诀。

三、十八大以来中国走向强起来

习近平指出：党的十八大以来，中国特色社会主义进入新时代。党和国家事业取得的全方位、开创性的成就和发生的深层次、根本性的变革，解决了许多长期想解决而没有解决的难题，办成了许多过去想办而没有办成的大事。我以为，在诸多成就和变革中，最能说明当代中国强起来的标识，至少应列这5项：

（一）经济社会的发展强起来了。在改革开放以来不断取得巨大成就的基础上，以习近平同志为核心的党中央统筹推进"五位一体"总体布局、协调推进"四个全面"战略布局，以前所未有的力度，引领改革涉深水、闯险滩、啃硬骨头，不断向纵深推进；同时提出创新、协调、绿色、开放、共享的新发展理念，转变发展方式，经济社会的进步十分明显。

经济结构空前优化，着力提升发展质量和效益。供给侧结构性改革推动我国经济脱胎换骨，产业结构不断转型升级。2015年服务业对经济增长的贡献率已占据半壁江山。数字经济等新兴产业蓬勃发展，第三产业增加值首次超过第二产业，经济发展向中高端水平迈进。

重大科技成果不断涌现，经济发展的科技含量空前提升。"墨子号"量子卫星、世界最大的单口径射电望远镜、北斗卫星导航系统、"蛟龙号"载人潜水器、神舟十一号载人飞船与天宫二号对接等重大科技成果问世，成为我国科技发展亮点。科技创新融入经济社会发展全局，我国经济社会发展的科技含量让世界刮目相看。

发展速度保持中高速增长，经济运行总体平稳。在国际金融危机肆虐、全球经济增长普遍乏力的背景下，我国从2013年至2016年，国内生产总值仍然年均增长7.2%，高于同期世界2.6%和发展中经济体4%的平均增长水平，在世界主要国家中名列前茅。国内生产总值从58万多亿元增长到74万多亿元，稳居世界第二。经济发展稳中向好。

开放型经济新体制逐步健全，成为全球经济第一大增长引擎。扩大自贸区等一系列重大改革，开放型经济体制日益健全。2016年，我国GDP占世界经济总量的15%左右，居世界第二位。2013年到2016

年，我国对世界经济增长的平均贡献率达到 30％ 以上，超过美国、欧元区和日本贡献率的总和，居世界第一位。我国由经贸大国稳步走向经贸强国。

（二）民生的福祉强起来了。以习近平同志为核心的党中央就职伊始郑重宣示：人民对美好生活的向往，就是我们的奋斗目标。党中央践行宣示，实施一大批惠民举措，人民群众获得感显著增强。

脱贫攻坚战取得决定性进展。2020 年全面建成小康社会，最艰巨最繁重的任务在农村，特别在贫困地区。党中央为打响脱贫攻坚战实施了两个前所未有：一是提出精准扶贫、精准脱贫理念，做到因户因人施策，绝不让一个贫困群众掉队。二是选派得力党员干部到贫困地区基层党组织任职。至 2017 年秋，全国共选派近 80 万名干部驻村帮扶，选派近 20 万名优秀干部到贫困村担任第一书记。精准扶贫成效显著。2016 年，农村贫困人口比 2012 年减少 5564 万人，平均每年减贫超过往年。我国成为率先完成联合国千年发展目标的国家。

中等收入群体持续扩大。党中央十分关注扩大中等收入群体的获得感。我国居民人均可支配收入从 2012 年的 16510 元持续增长至 2016 年的 23821 元，年均增长 7.4％。按照世界银行标准，年收入达到 2.5 万—25 万元人民币即算中等群体。据此，我国居民收入中等收入群体超过 3 亿人，是世界上中等收入人口最多的国家。我国目前中等收入群体，虽处于世界银行标准线中、下档的人数更多一些，但毕竟迈入了新的门槛。

覆盖城乡居民的社会保障体系基本建成。党中央着力解决人民群众普遍关心的四大突出问题：一是建立城乡居民大病保险制度。城乡居民参保率稳定在 95％ 以上，初步织起全球最大的全民基本医疗保障网。二是加强中西部和农村教育。国家财政性教育经费坚持向农村地区、边远贫困地区和民族地区倾斜，城乡、区域、校际的教育差距不断缩小。三是推进棚户区改造，保障性住房建设显著加快。近 8000 万困难群众改善了住房条件，城镇中低收入家庭的住房条件明显改善。四是深化社会保障制度改革，包括建立全国统一的城乡居民基本养老保险、统筹推进社会救助等制度，进一步完善了社会治理体系。

（三）国防军事力量强起来了。以习近平同志为核心的党中央大力推进国防和军队现代化，坚定不移走中国特色强军之路，推动国防和军队改革取得重大突破，为实现强军目标、建设世界一流军队奠定了坚实基础。

全面实施改革强军战略，人民军队组织架构实现历史性变革。根据中央军委优化兵力规模构成，打造精干高效的现代化常备军的要求，从 2016 年 12 月起，健全军委联合作战指挥机构和战区联合作战指挥机构，建立起"军委管总、战区主战、军种主建"的新格局，形成"军委—军种—部队"的领导管理体系和"军委—战区—部队"的作战指挥体系。在总员额减少 30 万的同时，增加作战部队员额，充实加强战略预警等新型军力。以精锐作战力量为主体的联合作战体系正在形成，实现了人民军队力量体系的革命性重塑。

贯彻古田全军政治工作会议精神，人民军队政治生态得到治理。2014 年 10 月底，习近平在古田召开新世纪第一次全军政治工作会议，深刻阐明新的历史条件下党从思想上政治上建设军队的重大问题，强调在任何时候都要坚持党对人民军队的绝对领导，培养有灵魂、有本事、有血性、有品德的新时代革命军人。他指出：加强和改进新形势下我军政治工作，最紧要的是把理想信念、党性原则、战斗力标准和政治工作威信 4 个带根本性的东西在全军牢固树立，为强军兴军提供坚强政治保证。2015 年颁发的《关于新形势下军队政治工作若干问题的决定》，是开创强军兴军新局面的纲领性文献。不断出台的若干文件，特别是全面停止军队有偿服务，有利于铲除腐败问题和不良风气滋生的土壤，全军新风正气不断上扬。

坚持科技兴军，加快推进武器装备现代化。当今世界，新军事革命加速推进，中国军队必须加快推进武器装备现代化。经过长期艰苦努力，一大批高新武器装备亮相。新一代武装直升机、新型陆战装备加速列装，海军主力战舰迅即更新换代，空军主力战机急速迈进以"歼-20"为代表的"20时代"，中国东风系列战略导弹惊艳全球。中国军队在推进武器装备现代化上，开始由大向强的关键一跃。

坚持战斗力标准，空前强化实战化训练。习近平强调：军队是要准备打仗的，一切工作都必须坚持战斗力标准。这些年来，全军上下向打仗聚焦。数百场旅团规模以上实兵演习轮番上演，力度之大、标准之高、要求之严从未有过。各系列联合演练，体现实战化要求。海外媒体称："中国军队近几年训练强度世界罕见！"

（四）国际事务中的作用强起来了。以习近平同志为核心的党中央深刻把握国内国际两个大局，积极推进外交理论与实践创新，完善外交方略，形成全方位、多层次、立体化的外交布局，引领中国在复杂多变的国际格局中日益走近世界舞台中心。

倡导推动"一带一路"建设，举办首届"一带一路"国际合作高峰论坛。2013年秋，习近平提出与历史相关国家共建"丝绸之路经济带"和"21世纪海上丝绸之路"倡议，获得全球100多个国家和国际组织积极响应和参与。2017年5月，来自29个国家的国家元首、政府首脑以及五大洲的1600多名参会代表齐聚北京，出席"一带一路"国际合作高峰论坛。这是新中国成立以来由中国首倡和主办的层级最高、规模最大的多边外交活动。高峰论坛规划了"一带一路"建设的具体路线图。中国同与会国家和国际组织进行了全面政策对接。"一带一路"倡议的践行，是中国为世界提供的最重要公共产品。

积极运筹大国关系，同主要大国关系稳中有进。党的十八大以来，中俄领导人互访频繁，两国在天然气管道、航空航天等大项目合作上取得突破性进展。中俄全面战略协作伙伴关系，为地区稳定与世界和平发挥着重要作用。习近平对中美关系提出不冲突不对抗、相互尊重、合作共赢的原则，为两国关系发展指明方向。习近平访问欧盟，倡导和平、增长、改革、文明四大伙伴关系，赋予中欧全面战略合作新内涵。中英、中法、中德等国关系，走深走实。中欧关系达到最好水平。

秉持亲诚惠容理念，打造周边命运共同体。经略周边是新时代中国外交的一个重点。在坚决捍卫国家主权、安全和发展利益的同时，全面加强同周边国家友好合作。2014 年 11 月，在亚太经合组织领导人会议上，习近平倡导各方共同构建互信、包容、合作、共赢的亚太伙伴关系，推动实现共同发展、繁荣和进步的亚太梦想。随后，发起创办亚洲基础设施投资银行，设立丝路基金。在南海问题上，既坚定维护国家领土主权和海洋权益，又始终致力于同直接当事国通过谈判协商妥善解决争议，提前达成"南海行为准则"框架。在上海合作组织、中国—东盟、中日韩合作等方面，我国积极发挥引领作用。

推动构建以合作共赢为核心的新型国际关系，我国的朋友越来越多。党中央在外交布局中，十分注重构建以合作共赢为核心的新型国际关系，打造对话不对抗、结伴不结盟的全球伙伴网络。坚持大国小国一视同仁，发达国家与发展中国家都是朋友。我国对非外交提出真实亲诚方针，实施全面合作计划；同拉美和加勒比国家共同体创立中拉论坛，共同打造中拉关系新格局；同阿拉伯国家构建合作新形态；与太平洋建交岛国确立战略伙伴关系。我国积极倡导多边主义，除举办亚太经合组织领导人北京会议外，还举办二十国集团（G20）领导人杭州峰会，建起参与全球经济治理的新舞台；举办金砖国家领导人厦门会晤和新兴市场国家与发展中国家对话会，推进"金砖＋"合作模式。我国同 100 个左右的国家和国际组织建立了不同形式的伙伴关系。

倡导构建人类命运共同体，我国国际影响力、感召力、塑造力空前提高。习近平在国内外多个场合深刻诠释"人类命运共同体"理念。2015年3月，在博鳌亚洲论坛提出推动建设亚洲命运共同体；9月，在联合国成立70周年系列峰会上，系统阐述打造人类命运共同体的总布局和总路径。2017年1月，在日内瓦万国宫全面阐述构建人类命运共同体的理念：坚持对话协商，建设持久和平的世界；坚持共建共享，建设普遍安全的世界；坚持合作共赢，建设共同繁荣的世界；坚持交流互鉴，建设开放包容的世界；坚持绿色低碳，建设清洁美丽的世界。这个全新理念，体现了中国将自身发展同各国共同发展有机结合的高度自觉和国际事务中的责任担当。2017年3月，构建人类命运共同体理念首次载入联合国安理会决议。这是中国在国际事务中的作用强起来的一个范例。

（五）全面从严治党使党的力量真正强起来了。以习近平同志为核心的党中央首次提出全面从严治党战略，将党的建设新的伟大工程推向新阶段，在对执政党建设理论做出重大贡献的同时，使我们党的力量真正强起来了。这主要表现为：

反腐败斗争压倒性胜利，使我们党在现代政党政治理论上进一步强起来了。党中央以雷霆万钧之势开展反腐败斗争，标本兼治，坚持"打虎""拍蝇""猎狐"，全覆盖、零容忍，使反腐败斗争压倒性态势不断巩固发展。它证明中国共产党完全有能力反对腐败，并焕发出新的强大生机活力。全面从严治党这场伟大的自我革命，校正了党和国家前进的航向，解决了党和国家事业发展带有全局性、根本性、方向性的问题，成功地挑战了西方国家和全盘西化论者认为的不可能，在理论上将党的建设规律认识提到了新高度，在实践上，深得党心民心，更加巩固了执政基础。

重新强调思想建党，使广大党员的理想信仰信念进一步强起来了。在思想建党中，提出以德治党，强调用坚定理想信念炼就共产党人的"金刚不坏之身"，不断夯实党员、干部廉洁从政的思想道德基础，筑牢拒腐防变的思想道德防线，坚守共产党人的精神家园，做到对党绝对忠诚，不忘初心、牢记使命，以身许党许国、报党报国。从而空前地强化了全党对共产主义理想、马克思主义信仰、中国特色社会主义信念的坚定度。

明确提出制度治党，使党的制度建设进一步强起来了。习近平不断强调把权力关进制度的笼子里，制定和健全系统完备的法规制度体系，特别是完善对权力运行的制约和监督体制机制，让权力在阳光下运行。在出台的各种法规条例中，有两项发挥了特别重要的作用。一是强化巡视监督，充分发挥从严治党利剑作用。中纪委立案审查的中管干部，一半以上是根据巡视组移交的问题线索查处的。二是修订《中国共产党党内监督条例》，成立各级监察委员会，健全和完善监察制度，推进了中国特色国家监察体制的形成。这是从我国现实国情出发加强对公权力监督的重大改革创新。

狠抓作风强党，使党的先进性、纯洁性形象进一步强起来了。习近平为落实思想建党与制度治党紧密结合这个创新思想，提出依规治党与以德治党紧密结合作为具体抓手。依规治党要求严明党的纪律，特别是政治纪律和政治规矩，纪严于法、纪在法前，把执纪和执法贯通起来，用纪律和规矩管住大多数，模范遵守国家法律法规。根据依规治党，狠抓作风强党，开展"三严三实"活动，不断纠正管党治党宽松软问题，加上从严惩治贪腐，党的先进性、纯洁性形象更鲜明地展现在世人面前。

上述5个方面的"强起来"（还有其他没有论列的"强起来"），构成党的十八大以来中国走向强起来，进入新时代中国特色社会主义的重要标志。

新中国 70 年对于中华民族 5000 年历史长河而言，是很短的一段。对于创造新的盛世来说，也只是万里长征第一步。邓小平说："我们搞社会主义才几十年，还处在初级阶段。巩固和发展社会主义制度，还需要一个很长的历史阶段，需要我们几代人、十几代人，甚至几十代人坚持不懈地努力奋斗，决不能掉以轻心。"① 因此，我们必须牢记毛泽东讲的坚持"两个务必"，以愚公移山精神，一代又一代人持续接力去实现我们党的奋斗目标！

----

① 《邓小平文选》第三卷，人民出版社，1993，第 379—380 页。

第二篇

社会主义革命和建设时期

抗美援朝推动世界走向和平与发展^①

50 年前，抗美援朝是朝鲜半岛战事的新篇章。50 年后，在参与战争的各方建立正常关系后，朝美双方正在步入和解的新历程，很可能为和平与发展的时代主题增添一份玫瑰色。

那么，应当怎样评价抗美援朝战争的历史作用呢？这个作用是巨大的，且是多方面的。其中最重要的一点，就是极大地推动了世界走向和平与发展。

一、列宁的时代概念

这里首先涉及对时代的看法，也关系到对时代主题的定位。

我们现在讨论的时代理论是列宁首先提出来的。他把时代问题同国际形势和无产阶级的革命运动联系起来加以考察，提出了按一定历史阶段内资本主义发展状态和无产阶级革命任务来认识时代的重要思想。在列宁的著作中，既有"大的历史时代"（第一版中曾经翻译为"历史上的大时代"）概念，如"帝国主义时代""从资本主义向共产主义过渡的时代"，也有"特殊时代"概念。列宁关于时代概念的不同

① 这是作者 2000 年 10 月 26 日在中国中共党史学会和中国军事科学院军事历史研究部联合召开的纪念抗美援朝 50 周年座谈会上的发言。小标题为收入本书时所加。

含义及其不同用法，对于我们正确认识当今时代特点，正确把握时代主题，消除对时代认识的分歧具有重要意义。

在列宁看来，资本主义和社会主义的发展状况及其矛盾决定了时代发展的基本方向，在时代发展的漫长过程中会显出时代发展的阶段性特点。而决定时代发展阶段的因素不是单一的，它既包含某个特定阶段中起决定作用的阶级和社会政治力量，也包含某个特定历史阶段的主要内容、基本特征及其他一些因素。正是多种因素影响着时代发展的进程，使时代发展呈现出种种特殊表现，因而显出某种阶段性。现在看来，一定时代发展的特殊表现，其实就是那个"特殊时代"的主题。

列宁领导的俄国十月革命的胜利，开创了资本主义向社会主义转变的新时代。尽管今天，在十月革命的故乡，社会主义的命运发生了逆转，但是从世界范围内来看，这个时代发展的基本方向到目前为止没有改变。中国对社会主义道路的选择和建设有中国特色社会主义事业的蓬勃发展，是对这个时代基本方向的肯定。也就是说，就"历史上的大时代"而言，列宁所讲的时代的性质没有改变。但是在时代性质和发展方向不变的情况下，大时代发展的各个阶段的主要内容是会随着各种条件的变化而发生变化的，这样变化的结果将导致各个具体时代阶段主题的变更。在 20 世纪一些国家的统治阶级之间，以及统治阶级与被统治阶级之间矛盾空前激化的历史条件下，时代的主要特征就是战争与革命，这是那个时代特殊性的表现，因而，也构成了那个时代的主题。但是，随着历史的发展，当战争与革命的社会基础弱化，阶级关系得到某种调整之后，和平与发展在社会主义与资本主义的矛盾运动中就逐渐具有全局性和战略性的意义，这样，列宁所讲的"特殊时代"的主题就不能不发生变化。

如果说 20 世纪上半个世纪的基本特点是战争与革命，那么经过第二次世界大战及其后的一系列国际多种力量的较量之后，和平与发展就逐渐成为 20 世纪下半个世纪的时代主题（说它是主题，只是说世界大战的可能性小了，而局部战争依然存在）。尽管对这个时代主题的认识较为滞后，但实际上，从 20 世纪 50 年代开始，即在朝鲜战争、中南半岛战争和越南战争之后，这个趋势就已经逐渐显著。中国人民的抗美援朝，对于促进时代主题转换起了巨大作用。

二、稳定两大阵营的均势状态

抗美援朝的胜利，稳定了第二次世界大战后形成的以两个大国为首的两大阵营均势状态，大大增强了世界走向和平与发展阶段的可能性。

第二次世界大战是人类历史上的一个重大事件。一方面，反法西斯的胜利为世界走向和平与发展带来了巨大希望；另一方面，发生战争的根源和土壤依然存在，世界和平仍然受到严重威胁。根据《雅尔塔协定》对世界格局的划分，无论在欧洲还是亚洲，在总体上形成了国际上的两大势力战略对峙的均衡状态。在处于均势的一个时期，世界的前途有两种可能发展的倾向：一种是再次回到激烈冲突的战争环境，另一种就是迎来和平与发展的新阶段。回到激烈冲突的战争环境，无疑会破坏均势状态，对峙双方重新通过战争来达到自身的战略目的。所谓迎来和平与发展的新阶段，就是随着和平与发展因素的不断增长，使制约战争因素的增长超过战争因素的增长而占据主导地位。随着战后东欧和亚洲一些人民民主国家兴起，20 世纪上半个世纪的战争与革命时代朝着和平与发展时代方向的转化初露端倪了。

谁都知道，战后形成的雅尔塔体系，尽管对战后世界秩序的稳定起了一定作用，但是，这个体系既充斥着大国争霸的色彩，也包含着许多不稳定因素。表面上，通过划分势力范围，《雅尔塔协定》在大国之间形成了均势，但是，从本质上看，美苏之间各有所图，不满足于这种均势状态长期存在下去，况且雅尔塔体系本身的基础脆弱，其中一个重要方面，就是亚洲形势未定，亚洲地区的最大国家——中国还处于国内战争状态，它的结局在战争初期还难以预料。因此，大国在亚洲地区的势力范围，在一个时期还仅仅是一种意向，具有较大的不确定性。然而，正是由于存在着这样的不确定性，美国独霸亚洲的野心极大地膨胀了。1948 年 1 月，"联合国军"总司令麦克阿瑟在谈到美国与亚欧关系时强调："美国的过去与大西洋根深蒂固地联系在一起，为了保持同过去一样的发展，美国未来几代人的希望与太平洋彼岸的事态演变同样地紧密相连。在我们充分利用向东方发展的潜力时，我们还必须站在西方的地平线上，既抓住尚未开发的在亚洲进行商业和贸易的机会，以此寻找更美好的生活的希望，又要注意着对我国现在的生活的可能威胁。"因为"在太平洋沿岸的土地及其几十亿居民，将在未来的 100 年中决定历史的进程"。仅此，足以说明美国对扩大亚洲利益的热切期待。

但是，后来形势的发展完全走到了美国期望的反面。美国支持的国民党政权迅速垮台，新生的人民政权很快就出现在亚洲地平线上。对中国形势的这种发展，美国充满忧虑。1949 年 7 月 18 日，时任美国国务卿的艾奇逊提出，要研究制定在亚洲遏制共产主义发展的政策，并要求拟定为达到这个目的可能的行动方案。他说，要"绝对弄清：我们尚未失去力所能及的、达到在亚洲遏制极权共产主义扩张的目的的机会"。新中国的诞生，既改变了雅尔塔体系的格局，也彻底打破了美国极力遏制共产主义的幻想。这使得美国不得不从幕后走到前台，疯狂举起遏制所谓共产主义扩张的旗帜，直接介入朝鲜战争。

面对以美国为首的 17 国"联合国军"将战火燃烧到鸭绿江边，中国人民不顾新中国刚刚成立之后的种种困难，勇敢地承担起了保家卫国，并为人类进步和世界和平做出贡献的神圣使命，组织志愿军跨过鸭绿江，打击侵略者。抗美援朝的胜利，挫败了帝国主义称霸世界的狂妄野心，基本稳定了第二次世界大战后形成的两大力量的均势状态，并通过削弱帝国主义的战争势力，给爆发更大规模战争的可能性增加越来越大的困难。这对整个亚洲乃至世界产生了巨大影响。

三、推动民族民主运动高涨

抗美援朝的胜利，进一步推动了第二次世界大战后民族民主运动的高涨，使一支新兴的维护和平的强大政治力量登上了世界舞台。

中国革命的胜利，是一个处于帝国主义殖民体系中具有重要战略地位的半殖民地大国的胜利。尽管在胜利之初，国内外的许多人，甚至包括新中国的朋友们都很担心，在帝国主义的扼杀政策下，五星红旗能够飘多久。抗美援朝战争的胜利，一扫人们心中的阴霾。新中国的稳定和巩固，保卫了当时反帝反殖斗争最显著的成果，极大地鼓舞了正在争取民族民主革命斗争胜利的亚非拉人民，从而促进了和平力量的发展和凝聚。

抗美援朝结束后，中国人民支持中南半岛三国人民的抗法战争，使得中南半岛人民长达 9 年的反帝斗争取得突破性进展。1954 年 5 月奠边府大捷后，同年 7 月法国殖民主义者不得不在日内瓦签署恢复中南半岛和平的协定。在亚洲人民的反帝反殖斗争的激励下，特别是美国等侵略者在朝鲜战争中的失败，使长期遭受压迫的非洲人民获得极大鼓舞，从而大大加快了非洲革命进程。1953 年 7 月，在纳赛尔领导下，埃及人民获得了民族民主革命的胜利。自此，北非乃至整个非洲大陆进入民族独立解放运动的高涨期。

正是在抗美援朝战争结束之后，1955 年 4 月，29 个亚非国家和地区的政府代表在印度尼西亚召开著名的万隆会议。这次会议充分反映了亚非人民团结合作、反帝反殖、争取和维护国家独立、捍卫世界和平的共同愿望。会议提出的促进世界和平与合作的十项原则，标志着亚非国家作为一支新兴的政治力量有了自己独立的声音。随着亚非国家走向国际政治舞台，以及它们在国际事务中发挥越来越大的作用，和平与发展有了更加广阔和深厚的基础。此后，亚、非、拉美的民族民主革命以及 20 世纪 60 年代以后兴起的不结盟运动，进一步强化了和平与发展的趋向，终于使其成为一股不可逆转的时代潮流。

从历史发展的整个过程看，只有在中国这样一个在帝国主义殖民体系中具有重要战略地位的大国，经过抗美援朝战争的严酷考验，使其获得的独立和自由真正巩固之后，才可以说帝国主义的殖民体系真正进入了全面崩溃的历史阶段。世界殖民体系的崩溃，殖民地人民解放和自由意识的觉醒，以及为捍卫民族独立的斗争，使得帝国主义之间瓜分殖民地的战争受到极大的遏制。殖民地人民在获得民族民主革命胜利后，都把追求和平与进步，推动本民族经济的发展作为奋斗目标。从 20 世纪 50 年代开始的这个历史的伟大进步，推进着历史逻辑的演进。战争引起革命，革命制止战争，正在转化为战争孵化和平，革命促进发展。

四、展现新中国维护世界和平的力量

抗美援朝的胜利，用无可辩驳的事实向全世界表明，站起来了的中国人民是维护世界和平的中坚力量。

在即将获得全中国解放的前夕，毛泽东有一种担心，就是在一些人的心目中还存在着对美帝国主义的幻想和恐惧症，他们的欺骗宣传

"在中国还有一层薄薄的社会基础"①。事实上，不仅在中国有，在其他国家也有"恐美症"。因此，毛泽东五评白皮书，要求用斗争，失败，再斗争，再失败，再斗争，直至胜利的人民逻辑，来审视帝国主义和反动派的命运。五评白皮书，还有其他一系列的教育，武装了中国人民的头脑。面对美国侵略者扩大战争的叫嚣，有谁能挺身而出？只有站起来了的中国人民。抗美援朝开始后，在强烈的爱国主义、国际主义和革命英雄主义的鼓舞下，中国人民志愿军以劣势装备，经过几年艰苦卓绝的浴血奋战，终于战胜了世界头号帝国主义强国，打破了美帝国主义不可战胜的神话，提高了中国人民的民族自尊心和自信心，大长了一切爱好和平人们的志气。抗美援朝的胜利表明，站起来的中国人民是不可欺负的。毛泽东说得好："帝国主义侵略者应当懂得：现在中国人民已经组织起来了，是惹不得的。如果惹翻了，是不好办的。"②

在抗美援朝战场上遭到沉重打击的美国侵略者，也对那场战争进行了反思。下了台的"联合国军"总司令麦克阿瑟承认：事实上，中国人介入战争以后，美国军队被迫去对抗美国军事史上从未遇到过的优势兵力。这是一场与中国的军事潜力相对抗的新的战争。美国军事历史学家沃尔特·赫姆斯也说：从中国人在整个朝鲜战争期间所显示出来的强大攻势和防御能力中，美国及其盟国已经清楚地看出，共产党执政的中国已成为一个可怕的对手。它再也不是第二次世界大战时那个软弱无能的国家了。美国在朝鲜战场上的失败，使其领导人意识到自己力量有限，再也不敢藐视新生的中华人民共和国，不敢像过去那样为所欲为了。他们开始把中国视为一个影响亚洲乃至世界国际事

---

① 《毛泽东选集》第四卷，人民出版社，1991，第1486页。
② 1953年9月12日，毛泽东在中央人民政府委员会第二十四次会议上的讲话。

务的重要因素。

半个世纪弹指一挥间，整个世界发生了翻天覆地的变化。和平与发展成为当今时代的主题，这已为越来越多的人所公认，并载入了从党的十三大到十五大的所有重要文献中。但是，历史不应当忘记，我们今天在这里纪念的 1950 年抗美援朝战争，为人类走向和平与发展的新阶段做出了不可磨灭的贡献。

第二次历史性飞跃的前奏曲

——1956 年前后党对社会主义建设道路的探索①

中国共产党人将马克思主义与中国具体实践相结合，目前正经历着第二次历史性的飞跃。这次飞跃，就其历史的现实性来说，虽然是在党的十一届三中全会以后，但是它的孕育、躁动却可以追溯到 1956 年前后。放开历史视觉，从认识的发展史来考察，1956 年前后中国共产党人的探索，实际上是第二次历史性飞跃的前奏曲。本文试根据党的文献对此进行初步研讨。

一、思想解放下探索任务的提出

1955 年农业社会主义高潮的突发，使原来估计为三个五年计划或者更长一些时间才能完成的"三大改造"任务，在 1956 年超前实现了。在当时看来，这意味着我们国家从生产关系的变革来说已进入社会主义社会，尽管就发展生产力来看，还没有完成过渡时期规定的工业化任务。

---

① 这是作者为参加全国纪念党的十一届三中全会召开 10 周年学术讨论会而写的一篇文章。本文写于 1988 年夏，曾获得中共中央宣传部、中共中央党校、中国社会科学院评定的"纪念党的十一届三中全会十周年理论研讨会入选论文奖"，原载于《党的文献》1988 年第 6 期，收入本书时略有文字修改。

　　建设社会主义，对于中国共产党人来说是个全新的课题。中国共产党对于社会主义的了解，除从马克思、恩格斯、列宁的著作中获得一些理论知识外，主要是通过苏联的社会主义实践来取得的。苏联是世界上第一个社会主义国家，先于我国成立的其他多数社会主义国家也基本上是采用苏联模式。这样，苏联模式实际上成为当时中国共产党人心目中唯一的社会主义模式。苏联经验对于新中国成立初期的经济建设虽然产生过积极影响，但也带来了某些消极作用。尽管经过延安整风运动以后，中央领导人对于苏联经验已有一些辩证的思考，但是在实际工作部门的不少单位及其领导人那里，在"向苏联老大哥学习"号召的影响下，实际上存在着那个时期的"两个凡是"——凡是斯大林讲过的都不能违背，凡是苏联的经验都不能更改。毛泽东后来总结这个时期的经济工作时说："解放后，三年恢复时期，对搞建设，我们是懵懵懂懂的。接着搞第一个五年计划，对建设还是懵懵懂懂的，只能基本照抄苏联的办法，但总觉得不满意，心情不舒畅。"①

　　中国共产党在苏共二十大批判斯大林之后，才从思想上获得了解放。苏共二十大不仅对苏联，对全世界都是一个巨大的冲击波。苏共二十大第一次揭露了社会主义社会中存在的阴暗面和苏联社会主义模式的弊端，使人们对有关社会主义的许多问题不能不重新思考。在党的八大期间，中国共产党领导人会见外国的党代表团时多次强调了这一点。毛泽东会见南斯拉夫共产主义者联盟代表团时说："对斯大林的批评是好的，它打破了神化主义，揭开了盖子，这是一种解放，一场解放战争，大家都敢讲话了，使人能想问题，可以自由思考独立思考了。"周恩来会见澳大利亚和新西兰共产党代表时说，过去斯大林的观点压倒一切，现在打倒了偶像以后也就是中国人说破除迷信以后，各

---

① 《中共八大史》，人民出版社，1998，第 228 页。

国共产党的思想都动起来了，不沉闷了。打倒了个人崇拜，大家的思想都解放了。这对各国党是个很大的进步，这是共产党的思想解放。

通过对斯大林犯错误的思考，通过对社会主义实践经验的总结，在建设社会主义的指导思想上，中国共产党人当时主要在这样几个问题获得了"解放"。

（一）社会主义社会有没有矛盾？虽然列宁早就说过，在社会主义社会，对抗消失了，矛盾还存在，但是在相当长的时期内，斯大林是否认社会主义社会的矛盾的。直到他逝世前一年发表的《苏联社会主义经济问题》，才承认了这个问题。毛泽东批评了否认矛盾的观点，说我们不要迷信。他认为在社会主义国家里一切都是好的是迷信。希望一切都是好的，是我们的主观，而现实是客观。世界是美丽的，但又不是美丽的，世界上有斗争，有矛盾。自古以来是这样，一万年后也会是这样。他还指出："现在我们把未来想得很美，可是未来到来时，人们又会感到不满意；认为社会主义和共产主义社会没有矛盾的思想是错误的。"[①] 以毛泽东的这些思想为指导，党中央在 1956 年 4 月发表的《关于无产阶级专政的历史经验》一文中，深刻地阐述了社会主义社会存在矛盾的理论观点。接着，毛泽东在《论十大关系》的讲话中分析了政治经济方面的十大矛盾。1957 年 2 月，毛泽东进一步指出，社会主义社会的基本矛盾仍然是生产关系和生产力之间的矛盾、上层建筑和经济基础之间的矛盾，并阐述了其运动机制，从而构筑了社会主义社会矛盾的理论系统。

（二）社会主义社会的矛盾要不要加以区分？在社会主义社会的国家政治生活中，存在着敌我矛盾和人民内部矛盾两类不同性质的矛盾。斯大林在理论上否认矛盾，在实践中混淆矛盾。毛泽东分析斯大林的

---

① 《毛泽东年谱（一九四九——一九七六）》第二卷，中央文献出版社，2013，第 640 页。

错误时指出，斯大林在很长时期内把这两类矛盾混淆起来了。比如不满意政府，不满意共产党，批评政府，批评共产党，这里有两种人，有敌人的批评，也有人民的批评，应该加以区别。斯大林在一个很长的时期内，差不多是不加区别的。只能讲好话，不能讲坏话，只能歌功颂德，不能批评，如果批评就怀疑是敌人，就有坐班房的危险，就有杀头的危险。鉴于斯大林的严重错误，鉴于有的社会主义国家发生的政治动乱和我们国家一些地方出现的闹事，中央领导人从1956年春天开始就自觉地把认识和处理社会主义社会不同性质的矛盾作为重大政治课题加以思考。在《论十大关系》中，毛泽东初步地对两类不同性质的矛盾作了区分。在《再论无产阶级专政的历史经验》一文中明确地提出了社会主义社会存在两类不同性质矛盾的理论。《关于正确处理人民内部矛盾的问题》一文，深刻地阐述了两类社会矛盾的学说，并对正确处理人民内部矛盾成为国家政治生活的主题进行了精辟的分析，在理论上对马克思主义做出了创造性的贡献。

（三）社会主义国家允不允许不同学术观点自由讨论？斯大林在世时，苏联是不允许学术观点自由讨论的。在遗传学的问题上，他们支持李森科学派，反对摩尔根学派，由斯大林直接干预，由苏共中央出面作讨论结论，采取一系列严厉的行政措施。苏联这种做法对我国的科学研究工作也产生了某些影响。斯大林逝世以后，特别是苏共二十大以后，中共中央领导人对这个问题重新进行了思考。在1956年5月2日的最高国务会议第七次会议上，毛泽东指出："在中华人民共和国宪法范围之内，各种学术思想，正确的、错误的，让他们去说，不去干涉他们。李森科、非李森科，我们也搞不清楚，有那么多的学说，那么多的自然科学学派。就是社会科学，也有这一派、那一派，让他们去谈。在刊物上、报纸上可以说各种意见。"在这之前，他还表示过，即使对他写的著作，对任何领导人的学术思想有不同意见，什么人都可以谈论，"不应加以禁止，如果企图禁止，那是完全错误的"①。
这些看法充分表达了在真理面前人人平等的思想。正是基于这样的思
想和苏联的历史教训，党中央宣布"双百方针"为发展我国科学文化
的基本方针。

（四）怎样认识社会主义与资本主义的关系？苏共二十大以后，中
共中央领导人开始重新认识社会主义与资本主义的关系。在 1956 年至
1957 年反右派斗争以前，发表了不少精彩的议论。

在党的八大以后，除毛泽东在 1956 年 12 月 7 日讲了关于允许雇
工、开办私营大厂，可以消灭了资本主义又搞资本主义的话之外，在
同年 12 月 29 日召开的全国人大常委会第 52 次会议上，刘少奇说：
"如果他们要盖工厂，是否可以准许他盖呢？可以的。""我们国家有百
分之九十几的社会主义，有百分之几的资本主义，我看也不怕。""有
这么一点资本主义，一条是它可以作为社会主义经济的补充，另一条
是它可以在某些方面同社会主义经济作比较。"1957 年 3 月 21 日，刘
少奇在湖南视察时进一步指出：我们现在有一种迷信思想，"我是社会
主义，就比私人资本主义先进"，这种迷信思想要不得，一定要去掉。
只要我们去掉这种迷信思想，我们有人有钱，社会主义名声又好，有
这样优越的条件，只要再加上学习私人资本主义的先进经验，跟着他
们搞，就一定会赢它。否则，就是资本主义优越于社会主义。

毛泽东、刘少奇的上述议论，虽然是针对实际工作中的一些具体
问题发挥的，但是，他们所触及的却是一个重大理论问题。由于他们
所看到的那些社会现象直到今天并未得到根本改变，因此他们的议论
还是那样振聋发聩。在当时，他们能这样认识社会主义与资本主义的
关系，不能不说是思想上的很大解放。

---

① 《毛泽东书信选集》，人民出版社，1983，第 510 页。

（五）对苏联的社会主义建设经验要不要加以分析？苏共二十大后，中国共产党人开始重新认识苏联的经验。1956 年春天，毛泽东在听取中央各部门的汇报时多次指出，对苏联的经验要作分析，要打破迷信。他说：过去有人说，如果没有苏联的援助，中国的建设是不可能的。这种思想是不对的。当奴隶当惯了，总是有点奴隶气。他还指出：不管谁放的屁，也要分析一下是香是臭，决不能随风倒。无论在革命时期还是建设时期，我们党都经历了从照搬苏联经验到独立思考的过程。革命时期，这个觉悟过程花的时间较长。建设时期，虽然觉悟得较早，但是真正找到具有中国特色的社会主义道路，花的时间也不算短。那个时期破除对苏联经验的迷信，仅仅是探索自己道路的开始。

上述思想的"解放"，归结起来，实质上是对社会主义的一次再认识。这次再认识使中国共产党人对社会主义有了不少新的理解，获得了不少新的观念，对探索在中国这块土地上建设什么样子的社会主义和怎样建设社会主义起了一定的思想先导作用。

二、1956 年前后的探索

1956 年前后，我们党破除了对斯大林理论观点的迷信，破除了对苏联建设经验的迷信，提倡独立思考，提倡从中国的国情出发构想社会主义建设方略，拟定方针政策。毛泽东在《十年总结》回顾这段历史时，多次指出："从一九五六年提出十大关系起，开始找到自己的一条适合中国的路线"，"开始反映中国客观经济规律"。从现在的认识看，虽然不能说在 1956 年已找到了一条我们现在理解的适合中国情况的建设路线，但是 1956 年的探索在许多方面贯彻了实事求是的思想路线，获得了许多好的思路、思想观点和实践经验。

（一）关于对国情的认识和经济发展战略的设想。随着社会主义改造的超前完成，中央主要领导人的工作重心开始转移。从 1955 年 11 月到 1956 年 4 月，毛泽东先后对农业问题和工业问题进行了调查研究，找了华北九省的书记和党中央国务院 34 个部长了解工农业生产和整个经济工作。在此期间，刘少奇为准备八大政治报告也听取了中央 30 多个部门的工作汇报。周恩来等领导人分别参加了这些汇报会。

中央领导人经过初步调查研究，对中国建设社会主义的基本国情有了初步的认识。这就是毛泽东在 1956 年 1 月中央知识分子问题会议上开始讲的"一穷二白"的形象说法。不仅毛泽东，整个党中央当时考虑问题的思路是：承认落后，不甘落后，改变落后。"一穷二白"的概括，从主导方面看，旨在激励中国人民奋起改变落后面貌的革命精神，强化中华民族为世界多做贡献的赶超意识。（当然，后来对这个问题的宣传存在较大的片面性，它的主旨精神有了某些改变。）

党的八大总结新中国成立以来发生的巨大变化，指出：几千年来的阶级剥削制度基本结束，国内的主要矛盾"已经是人民对于经济文化迅速发展的需要同当前经济文化不能满足人民需要的状况之间的矛盾"。这虽然是对我国政治形势的估量，但实际上是对国情的进一步认识。如果说"一穷二白"是对国情的历史基础的表层概括，那么对主要矛盾的论断，则是对国情的现实关系的动态分析。它揭示了在社会主义改造基本完成以后推动我国社会发展的决定性的内在因素，为确定党和全国人民的中心任务——集中力量发展社会生产力，使我国尽快地从落后的农业国变为先进的工业国——提供了理论根据。

在 1956 年前后，党中央确定的我国经济发展战略是：第一步，用大约 3 个五年计划即 15 年左右的时间，打下现代工业化的基础；第二步，用 10 个五年计划至 20 个五年计划，即 50 年至 100 年的时间建成伟大的社会主义国家，实现"四个现代化"，赶上和超过世界上工业最发达的国家。

（二）关于经济建设方针的新思路。在 1956 年前后，我们党在经济建设方针的几个基本问题上，有的突破了原来的一些思想框框，有的将一些零散经验开始系统化为规范理论。

工农业关系。在一个较长时期内，我们党把苏联发展重工业的道路同资本主义国家发展轻工业的道路作为两条对立的工业化道路来认识。苏联重工业的发展无疑取得了巨大成就，但是，靠牺牲轻工业和农业片面追求重工业发展的代价也是沉重的，市场供应一直处于短缺的紧张状态就是苦果之一。一些东欧国家照搬苏联的办法，使国民经济和人民生活受到严重损害。鉴于苏联、东欧国家的教训，党中央认为决不能走苏联的老路。在新中国成立初期对工农业关系的初步认识的基础上，经过对工农业问题的调查研究之后，毛泽东在《论十大关系》中提出了正确处理重工业和轻工业、农业的关系的思想。在八届二中全会上还提出，又要重工业，又要人民。这个思想后来进一步发展为按农业、轻工业、重工业的顺序安排国民经济和"以农业为基础，工业为主导"的国民经济总方针。

沿海与内地、经济建设与国防建设的关系。过去斯大林有一个论点，世界大战是不可避免的。受这个观点的影响，再加上当时朝鲜战争还在进行，在"一五"期间强调了内地工业、国防工业的比重，影响了工业布局和资金投向。朝鲜战争结束后，经过日内瓦会议、万隆会议，在 1955 年底到 1956 年初，我们党逐步感到国际形势在趋向缓和。苏共二十大也提出了一个新观点，即世界大战不是不可避免的。因此，1956 年 2 月至 4 月间，毛泽东在听取中央各部门的汇报时指出：沿海地区占我国工业的 70%，要充分合理利用，不能限制发展。如果说沿海不敢利用，那么东德、捷克斯洛伐克就不要建设了。他还批评道：有的同志，好像战争就要打来的样子，准备着架子在等待战争，因此，要限制沿海，这样不妥，轻工业 70％在沿海，不积极利用，还靠什么来提高生产。与此相联系，还涉及如何处理经济建设与国防建设的关系。周恩来在党的八届二中全会上对这个问题作了透彻的阐述，指出：既然设想可能有一个和平时期，国防工业步子可以放慢，有些生产规模可以缩小。非要下这个决心不可。不然就徘徊歧路，东边走几步又回到西边走。如果算错误，大家一道犯，到时候将功折罪，戴罪图功。实践证明，这是一个符合实际的科学认识，表现了政治家们的高度预见。

经济建设必须坚持"既积极又稳妥可靠"的方针。在 1955 年到 1956 年间，我们党的领导人对于这个问题存在两条对立的思路。毛泽东提出的"多、快、好、省"，尽管其理论论证是"辩证的"，但在实际工作中，由于强调反对右倾保守，助长了盲目冒进倾向。周恩来、陈云主张经济建设要根据需要与可能，循序渐进，稳步发展。刘少奇主持的中央政治局会议同意周恩来、陈云等人的意见，强调在反对保守主义的时候，必须同时反对急躁冒进倾向，并将此精神作为起草党的八大政治报告的指导思想之一。根据政治局会议精神，周恩来在主持审定"二五"计划的建议草案过程中，将"以多、快、好、省的精神"一语删掉了。随后，党的八大通过了这个指导方针，明确指出"党中央委员会所建议的第二个五年计划的发展速度是积极的，同时又是稳妥可靠的"①，并说这应当成为我国经济建设的基本方针。毛泽东对于 1956 年上半年开展的反冒进，尽管思想上有保留，但服从了政治局大多数的意见；对于党的八大的这个精神，他也是同意的，并主持修改了党的八大的政治报告和审定了周恩来的报告。正因为这样，1956 年经济工作中的急躁冒进倾向才顺利地得到了纠正，并使"一

---

① 《刘少奇选集》下卷，人民出版社，2004，第 227 页。

五"计划提前完成。

综合平衡。这是党中央在反冒进过程中形成的思想,由陈云作了较为系统的概括。鉴于1956年初基本建设规模过大,多招收了100万职工,农贷和其他贷款过多,使财政、信贷多支出近30亿元,引起生产资料和生活资料供应全面紧张的教训,周恩来在党的八大报告中强调"应该使重点建设和全面安排相结合,以便国民经济各部门能够按比例地发展"。同年11月,陈云在关于商业工作的讲话中分析了商品供应紧张的问题,提出"要注意国家建设规模和人民生活需要的平衡问题",认为这虽是"紧张的平衡","但是,绝不能紧张到使平衡破裂"。到了1957年1月的省市委书记会议上,陈云进一步提出了建设规模必须同国力相适应,以及物资、财政、信贷三大平衡的著名观点。

以上关于经济建设的基本方针,虽然还不是很成熟,但却在摸索着走自己的路,有的直到今天仍对我国的社会主义建设产生重要影响。

(三)关于经济体制改革的初步探索。我国的经济管理体制是按照"苏联模式"建立起来的。这种高度集中统一的经济体制,在恢复国民经济、夺取抗美援朝战争的胜利、促进社会主义改造和保证重点建设等方面曾发挥过积极作用。但是,随着社会主义建设的全面展开,其弊病也日益暴露出来。《论十大关系》已提出了经济体制改革问题。随后国务院在1956年5月到8月召开全国体制会议。拟出了改革经济体制的初步草案。在党的八大会议上,刘少奇、周恩来和陈云的讲话都阐述了改革的重要性、迫切性和主要内容。在1957年1月的省市委书记会议上,中央指定陈云主持财经五人小组对这个问题作进一步研究。经过半年多的调查、讨论和修改,在党的八届三中全会上基本通过了关于改进工业、商业和财政三个管理体制的决定。这是我们党关于经济体制改革的最初尝试。

在这次体制改革中,党中央着重探讨了这样几个问题:

中央向地方分权。这是新中国成立后党中央思考较多的问题之一。毛泽东在《论十大关系》中提出这个问题后，周恩来对此作了较系统的研究和发挥。他主持召开的国务院体制会议着重讨论了这个问题。他认为，最集权就等于无权，中央与地方实行分权就是要发挥地方积极性，共同促进生产力的发展。他提出从计划、财政、企业、事业、基本建设直到编制等问题都要扩大地方权力。

扩大企业自主权。毛泽东在《论十大关系》中提出要发挥企业的积极性，要让企业有一定的"独立性"。1956 年 4 月 28 日，毛泽东在中央政治局的讲话中又提出，要使企业有"自治权"，成为公开的、合法的"半独立王国"。接着在 5 月 2 日最高国务会议上的讲话中，毛泽东明确提出：工厂应该有自主权。给生产者个人以利益，给生产单位以一种自主权，这对整个国家工业化好不好？应该是更好一些。

在所有制、生产和流通方面实行"三个主体、三个补充"的管理体制。毛泽东提出要进行社会主义经济体制改革的问题之后，陈云对这个问题进行了较长时间的思索和研究。他深刻地分析了现行经济体制的弊端及其产生的社会历史原因，提出了在工商企业的购销关系、生产经营形式、市场管理、物价政策等方面搞活经济的若干措施。他认为新的社会主义经济体制将是：国家经营和集体经营是工商业的主体，一定数量的个体经营是国家经营和集体经营的补充；计划生产是工农业生产的主体，按照市场变化在国家计划许可范围内的自由生产是计划生产的补充；国家市场是主体，一定范围内国家领导的自由市场是国家市场的补充。这个思想突破了传统的社会主义经济体制模式，为社会主义的所有制、生产和流通体制的改革指明了出路。

社会主义经济既要有计划性，又要有多样性、灵活性。在 1956 年 12 月，毛泽东讲到允许开设地下工厂，允许私营经济存在。之后，刘少奇在 1957 年春天到南方视察期间，发挥毛泽东的思想，多次提出社会主义经济的计划性、多样性和灵活性问题。这也是对陈云讲的"三个补充"的发展。1957年4月27日，刘少奇在上海党员干部会上说：社会主义经济是计划经济，但是计划性把多样性、灵活性搞掉了。实际上，社会经济生活是几千种、几万种、几十万种，而计划又不能计划那么几千、几万、几十万的，只计划那么多少类，结果搞得简单了、呆板了。同年5月7日，刘少奇在北京对中央党校负责同志谈话时说：研究社会主义经济，还要特别注意一个问题，就是使社会主义经济既要有计划性，又要有多样性和灵活性。苏联在这方面的教训是值得我们注意的。我们只有社会主义的计划性，只讲究计划经济，搞得呆板，没有多样性、灵活性。又说：我们一定要比资本主义经济搞得更要多样，更要灵活。如果我们的经济还不如资本主义的灵活性、多样性，而只有呆板的计划性，那还有什么社会主义的优越性呢？在这里，刘少奇已经模糊地触及计划经济和商品经济的关系。但是，随后开展的反右派斗争使他中断了这个思想。

（四）关于民主政治建设的一些思索。在阶级斗争已经基本结束，国内的主要矛盾发生变化以后，扩大民主的问题成为一个突出的社会问题。从开展经济建设来说，工业化需要民主化，只有不断扩大民主才能调动一切积极力量来建设社会主义。党中央把扩大民主、建设民主政治的问题提上了议事日程。毛泽东在党的八大期间接见南斯拉夫共产主义者同盟代表团时说："我们社会主义必须想些办法来扩大民主，当然没有集中和统一是不行的，要保持一致，人民意志统一，对我们有利，使我们在短期内实现工业化，能对付帝国主义。但是也有缺点，缺点在于使人不敢讲话，因此要使人有讲话的机会。我们政治局的同志都在考虑这些问题。"在党的八大会议上，扩大民主、建设民主政治，成为讨论的重要议题之一，八大通过的关于政治报告的决议，明确指出："在我国进入社会主义建设时期以后，进一步地扩大国家的民主生活，开展反对官僚主义的斗争，有迫切的、重要的意义。"

　　党中央对扩大民主、建设民主政治的思考的最大成果，就是提出了关于严格区分两类不同性质的矛盾，正确处理人民内部矛盾的理论。这个理论也可以说就是建设民主政治的理论。根据这个理论，党中央提出的共产党与各民主党派"长期共存，互相监督"的方针，对于建设民主政治具有重要意义。毛泽东在 1956 年 4 月听取汇报时说："少奇同志讲过，共产党有两怕，一怕老百姓哇哇叫，二怕民主人士发议论，我们搞两个万岁，共产党万岁，民主党派也万岁。"周恩来对这个方针的民主性质讲得更多。他认为社会主义国家政治制度的一个缺点就是单一政党体制，它使民主少了，集中多了，不容易听到不同意见。"一个党，就是一鼻孔出气，呼吸就不舒适，会使思想僵化，社会发展停滞起来。"① 他说，在我们国家，民主党派联系资产阶级和上层知识分子，能听到共产党听不到的意见，求大同，存小异，保持这个作用，对共产党、对社会主义都有利。党中央在 1956 年提出的这个方针，为在我们国家实行共产党领导的多党合作制的民主政治指明了方向。

　　为了扩大民主，建设民主政治，党中央也考虑到了党和国家领导制度的改革。周恩来明确提出，要使民主扩大，就要在国家制度上想一些办法。他认为我国目前虽然不能普遍实行直接的、秘密的选举，但是可以改进人民代表大会制度。如加强人民代表的视察制度、检查制度，公开发表人大代表对政府工作的批评，增加人民代表大会透明度。他特别强调要学习西方资产阶级民主的某些形式。他说："资本主义国家的制度我们不能学，那是剥削阶级专政的制度，但是，西方议会的某些形式和方法还是可以学的，这能够使我们从不同方面来发现

---

　　① 1956 年 5 月 3 日周恩来传达毛泽东关于"调动一切积极力量为社会主义服务"的指示精神的报告。

问题。"① 刘少奇对领导制度的改革也很重视。他认为资产阶级革命初期所采用的一些民主比我们现在的一些民主办法甚至更进步一些："我们比那个时候不是更进步了，而是更退步了。"毛泽东在 1956 年也有改革党和国家领导制度的考虑。到 1957 年 4 月 30 日，他与民主党派负责人和无党派民主人士谈话时表示，到二届人大一定辞去国家主席的职务。这说明在斯大林问题揭露之后，党中央包括毛泽东在内，对如何吸取历史教训所进行的反思是深层次的。

（五）关于思想文化建设的重要决策。新中国成立以后，一个接着一个的思想文化批判使相当一部分知识分子有一种压抑感、异己感。但是随着社会主义建设的蓬勃开展，愈益需要知识分子发挥作用，调整党的知识分子政策，改进思想文化工作，成为刻不容缓的事情。1956 年是思想文化战线较为宽松的一年，也是党的思想文化工作较为民主的一年。思想文化建设的民主化，是当时的民主政治建设的一个重要方面。在 1956 年的思想文化建设中，有这样几个有深远意义的决策：

宣布知识分子是工人阶级的一部分。在 1956 年 1 月的知识分子问题会议上，周恩来代表党中央明确宣布：我国知识分子的绝大部分"已经成为国家工作人员，已经为社会主义服务，已经是工人阶级的一部分"。根据会议精神，党中央为争取在资本主义国家的 700 多名留学生回国做了大量工作。

提出"向现代科学进军"。鉴于我国科学技术的极端落后状况和世界科学技术突飞猛进的发展形势，为了社会主义建设的需要，周恩来代表党中央发出了"向现代科学进军"的伟大号召，强调科学在发展经济、文化、国防各方面的决定性意义，希望尽可能迅速扩大和提高

---

① 《周恩来选集》下卷，人民出版社，1984，第 208 页。

我国的科学文化力量，以便在不太长的时间里赶上世界先进水平。在知识分子问题会议后，即集中 600 多位科学家编制了全国科学发展的十二年远景规划，以突破高、精、尖、新技术为战略目标，为我国科学技术的发展奠定了基础。

提出"双百方针"。除毛泽东、陆定一在理论上对"双百方针"作了详尽、透彻的阐述外，党中央还采取了或者准备采取一些措施来认真贯彻这个方针。例如，1956 年 8 月，由中宣部会同中国科学院、高教部在青岛组织召开遗传学座谈会，就遗传学问题展开学术讨论，为贯彻百家争鸣方针摸索经验。1956 年 10 月 15 日，八届中央委员会的第一次中央政治局会议的议程之一，就是讨论并批准了中宣部《关于高等学校试开现时在资本主义国家流行的唯心主义派别学说介绍和批判的课程讲座的请示报告》，随后许多高校设立选修课，"开放唯心主义"。

提倡中西文化结合，主张对外开放。在 1956 年 8 月的《同音乐工作者的谈话》中，毛泽东从理论上阐述了世界各民族文化交流的历史必然性和党对于外来文化包括西方文化的基本态度。

周恩来也在一次谈话中指出，新中国成立以来，我国虽然不断扩大了对外交往。但是开放得还很不够。1955 年接待了来自 60 多个国家的 4000 多外宾，比起我们的祖先来差得很[1]。周恩来说，在 1300 多年以前，中国唐朝的长安（就是现在的西安）就住有十几万外国的居民[2]。还说：历史上，我们的文化高，近 300 年来，西方文化高，我们要承认，要向西方学习[3]。

---

[1] 1956 年 6 月 28 日周恩来在党的一届人大三次会议上的发言。

[2] 1956 年 5 月 30 日周恩来接见巴基斯坦、印度尼西亚伊斯兰代表团时的谈话。

[3] 1956 年 3 月 22 日周恩来接见聂思仁等人时的谈话。

　　毛泽东在这个时期的许多谈话中，反复强调凡是外国的好东西，我们统统拿过来。他举中国历史为例说：汉朝是这么做的，唐朝是这么做的。他们不怕外国的好东西。有好东西，他们就欢迎。唐朝有一种乐，他们政府开会奏的乐，有七种音乐，七种舞蹈，其中有六个节目都是外国的，只有一个节目是中国的。后来搞久了，就变成中国的了①。他还主张对外开放应该是多渠道的，一是派人到外国去，包括到资本主义国家去学，不论美国、法国、瑞士、挪威，只要他们要我们的学生，我们就去②。二是把外国人请进来。他对波兰统一工人党代表团说：中国是世界和人类的组成部分，中国不自私自利。中国是一块白纸，你们可以在这张纸上写字，你们的科学和文化可以驰骋在这张纸上。在中国人民生活的这块土地上，各国人都有份③。这些言论虽然都是些即兴讲话，但是可以看出，在文化的对外关系上，当时党中央领导人的思想是相当开放的。

　　在1956年前后，我们党对社会主义建设道路的探索是以全方位的姿态展现出来的。以上论列的只是一些方面。从这些方面可以看出，这个时期，焕发出的思想火花是绚丽多彩的，有的甚至是难能可贵的。这次探索本来应该成为我们国家第二次历史性飞跃的起点。但是，随着反右派斗争的开展和"左"的思想的不断发展，党中央、毛泽东对许多重大问题的认识发生了逆转，关闭了准备起飞的发动机，从而使这次探索成为昙花一现，转瞬即逝。

---

　①　1956年1月20日毛泽东在知识分子问题会议上的讲话。
　②　1956年2月25日毛泽东听取汇报时的插话。
　③　1956年9月27日毛泽东同波兰统一工人党代表团的谈话。

三、辩证认识 1956 年前后探索的局限性

1956 年前后的探索与党的十一届三中全会以后的探索毕竟相距 20 多年，国际国内的形势都发生了巨大变化，对中国国情的认识和对社会主义的认识都深入到一个新的层次。因此，现在的探索与那时的探索，既存在延续性，又具有阶段性。否认它们之间的联系，割断历史是不实事求是的。但是，简单等同，否认两者的区别，认为现在的探索早已有之，这也是没有辩证观点的非科学态度。

1956 年前后的探索有这样几点主要的局限性：

（一）对于社会主义社会发展的阶段性、长期性以及我国在社会主义发展中的历史方位缺乏认识。苏联在十月革命之后 20 年即宣布建成社会主义。据此，社会主义的发展似乎不具有阶段性，也不存在长期性。我们党在 1956 年的探索虽然在某些方面力图突破苏联模式，但从未想到更新这个观念，当时设想的在 3 个五年计划左右基本上建成社会主义，即根据苏联提出的以工业产值达到国民经济比重的 70％为标准。但是，社会主义的实践证明，工业产值达到 70％并非是一个科学的标准，衡量社会主义是否建成是一个综合指标，而非单项指标。社会主义的实践在发展，对社会主义的认识在日益丰富。我们党在那个时期的认识带有几分天真的稚气，也有几分盲目性。

（二）1956 年前后的探索在总体上没有突破以产品经济为核心的社会主义传统模式，有些改革的指导思想还是出于完善这种模式。这是那时的改革探索同现在的改革探索的一个根本区别，也是那时改革探索的一个主要局限性。例如那时进行的以中央向地方分权的改革主要是各级行政管理经济权限的划分，没有把搞活企业放在首要地位，也没有着重转向用经济的办法来调节和管理经济。那时确认的"三个

主体，三个补充"的经济模式，虽然也引进了商品关系、价值规律的某些机制，但其主旨是在健全、完善以产品经济为基础的计划经济，改变其僵硬性，使其具有一定的灵活性，并非从根本上改变产品经济，发展有计划的商品经济。现在的改革探索与30多年前的改革探索相比较，不是过去的思想的简单继承，主要是根据当代历史发展和对社会主义的新认识使其发生了某些性质上的变化，因此进入了一个更高层次。历史的辩证法就是这样，曾经被视为思想解放成果的、对传统模式有突破意义的探索，在今天可能换位而变成改革的对象。但是，现在对它否定，却也丝毫不否认其在历史上的进步作用。

（三）就1956年前后提出的一些思想观点本身来看，也还存在一些缺陷，有的不准确、不完备、不彻底，有的在认识上发生动摇，有的内涵是随政治斗争的变化而变化的。例如，八大决议把主要矛盾的实质表述为"先进的社会主义制度同落后的社会生产力之间的矛盾"，容易使人误认为我们国家的问题只存在于生产力方面，生产关系和上层建筑都无须改革和完善，不存在与生产力不相适应的矛盾。毛泽东关于主要矛盾的思想的变化就是从对这个表述的不满发展起来的。关于知识分子的属性问题，在党的八大报告中不仅没有重申"工人阶级一部分"的观点，而且强调执行"团结教育改造"政策，仍把知识分子列为"资产阶级和小资产阶级"范畴，这又说明认识在向后退。"双百方针"后来注入了多种含义或加以多种解释，使其完全演变成为推行"以阶级斗争为纲"方针的工具，改变了提出时的初衷。

这些局限性的存在，表明当时的探索在理论上还有其不成熟性和不明确性的一面。

1956年的探索没有得以坚持，是一个比较复杂的问题。从宏观上看，能否说下面这几方面的因素发生了直接影响。

第一，阶级斗争惯性的作用。社会主义改造基本完成以后，大规模的群众性的阶级斗争基本结束，阶级斗争在一定范围内存在，在一般情况下不会再重新上升为主要矛盾。这是我国在 1956 年进入新的历史转变时期以后的基本形势。对于这个形势，我们党的领导人的认识开始还是比较客观的。但在国际上发生波兰、匈牙利事件，国内一些地方发生罢工、罢课等闹事之后，特别是在"大鸣大放"以后，我们党的领导人就逐渐地改变了认识。对于"大鸣大放"所引起的政治波澜，用毛泽东的话说，完全出乎意料。尽管这个时期已经提出了严格区分两类矛盾的理论，也在着手加强民主政治建设，但是直面敌我矛盾和人民内部矛盾的交错，阶级斗争因素的混杂，我们党的指导思想发生了迷误。由于传统的阶级斗争思维方式和政治感觉的惯性作用，夸大了整风民主运动中的阶级斗争成分，夸大了阶级斗争成分中的敌我矛盾比重，对国内政治形势作了错误的估计，以发动大规模的急风暴雨式的群众性的阶级斗争来对待作为主流的民主运动，这样，1956年的探索不得不被中断。

第二，批判反冒进，指导思想逐渐堕入空想论。在 1956 年，党的领导层对如何建设社会主义的认识，如速度问题，虽存在分歧，但在探索中国建设社会主义道路这个总的指导思想下，同时为了准备召开党的八大，被掩盖了。毛泽东尽管对反冒进不满意，但服从了政治局大多数同志的意见，主持修改和审定了党的八大的各主要报告，从而使党的八大得以顺利召开，1956 年能有较好的政治经济形势。但是经过反右派斗争，在 1957 年 10 月党的八届三中全会上，毛泽东以右派分子攻击 1956 年全面冒进问题为由，重新提出社会主义建设速度问题，认为反冒进为右派进攻提供了口实，要求恢复"多、快、好、省"和农业发展纲要四十条等。随后，在南宁会议、成都会议上发难，把反冒进视为两种建设方针的斗争，大反反冒进，从而改变了党的八大规定的正确方针，使党的指导思想陷入难以解脱的矛盾之中，一方面改变了党的八大关于社会主要矛盾的论断，另一方面又强调党的工作重点应转入抓技术革命和文化革命，而在 1958 年把主要精力放在抓经济建设时堕入空想论。

"左"倾思想由指导国家政治生活扩展到经济工作。越来越滋长的骄傲自满情绪，使党的领导人不仅对国内政治形势失去了正确的估量，而且对改变国家经济落后面貌的许多认识失去了正常的思维水准，幻想一天等于二十年。这里是双重的空想论，就是在生产力的发展上，无论对经济发展战略还是对年度计划，都提出了一系列不切实际的生产翻番指标；在生产关系的变革上，强制实行小社变大社、集体所有制到全民所有制、社会主义到共产主义的"穷过渡"，企图超越社会发展阶段，在比较短的时间内进入共产主义。"大跃进"和人民公社化运动就是这两方面的空想论的产物，使我国的经济发展遭到了严重破坏。这以后数年，我们党在经济方面主要是在为恢复国民经济的元气而努力，虽然在这个过程中也有某些探索，但自 1962 年党的八届十中全会以后，总的指导思想却在沿着"左"的方向发展，而没有继续 1956 年的路线。

第三，理论上对社会主义认识的失误。在 1956 年前后，我们党根据传统观念认为生产资料所有制改造的完成，意味着过渡时期结束而进入社会主义社会，但是在反右派斗争以后，由于对国内政治形势的错误估计，再加上对由于"大跃进"运动失败和国民经济严重困难而加深的党内意见分歧的错误认识，还有对国际共产主义运动大论战的错误估计等因素的影响，在八届十中全会以后逐步形成了"大过渡"理论，即错误的社会主义阶级斗争扩大化理论。根据这个理论，过渡时期不仅包括从资本主义到社会主义，还包括从社会主义到共产主义，即在进入共产主义社会高级阶段以前的历史时期（大约二三百年内）都属于过渡时期；社会主义阶段的主要矛盾就是两个阶级、两条道路的斗争。主要任务就是解决谁战胜谁的问题，解决社会主义的前途和命运问题；开展社会主义建设，发展社会生产力要服从于阶级斗争这个纲的需要。这个理论完全改变了1956年的指导思想，导致了"文化大革命"。这样，1956年的探索也就自然终止了。那时，在错误的思想理论指导下，也自认为搞阶级斗争、发动"文化大革命"是一种探索。但是，那是与1956年的探索性质完全不同的问题，不能相提并论。对于1956年的探索没能坚持的原因，目前理论界也在思考。以上分析只是初步的看法，需要继续研究。现代中国的探索之路是相当艰难的。这不仅是因为中国是在一个经济文化异常落后的基础上建设社会主义，而且还因为中国特殊的历史传统形成的民族心态使中国文明与世界文明有某种隔膜，影响着中国去对世界先进文明进行探索。如上所述，中国虽然取得了反帝反封建的民主革命的胜利，但民主意识还异常薄弱，既有不懂得怎样运用民主权利的，也有视民主为怪物的；改变落后面貌的赶超意识，就其激励奋发日益强大来说是积极的、可贵的，但它也容易导致产生急躁冒进情绪；背着灿烂的古代文明的包袱形成的民族自大意识，容易产生狭隘的虚骄心理和"天将降大任于是人"的盲目性。这些都是探索中国之路的障碍。党的十一届三中全会揭开的中国现代史的新篇章，不仅使党和国家的命运发生了巨大改变，而且使中华民族的某些消极心态有了改变，现在，党清醒了，人民清醒了，民族清醒了，改革的探索已成为不可阻挡的历史潮流。在这种形势下，我们相信，新的探索决不会重蹈1956年前后探索的覆辙：它将把中国引向富强、民主和文明的美好明天。

社会主义建设时期的历史

——从马克思主义中国化的视角来看①

　　一部中国共产党史，就是马克思主义中国化史。"马克思主义中国化"的概念虽然提出较晚，但这个思想自党创立之日起，已经孕育并在实际斗争中运用。中国共产党的成长、发展过程，就是在实践中探索马克思主义中国化道路的过程，也是将实践经验在理论上升华，形成一系列马克思主义中国化的思想观点，实现马克思主义中国化的历史性飞跃，创建中国化的马克思主义理论和继续推进马克思主义中国化实践向前发展的过程。

　　中国共产党85个春秋的基本历程，采用"数字化"方式表示，可以简单地概括为"三二二三"，即分为三个历史时期，实现两次历史性飞跃，探索出两条中国特色的道路，创立作为指导思想的三大理论成果。

　　本文试图用马克思主义中国化的视角解读社会主义建设时期的历史，认为新中国成立后社会主义的胜利和曲折是马克思主义中国化第

---

①　从2004年秋天起，作者与龚育之同志作为首席专家，主持马克思主义理论研究和建设工程重点课题"马克思主义中国化的历史进程和基本经验"的研究。这是作者根据课题组讨论的思想写成的文章。2006年6月中旬，中共北京市委宣传部和北京市邓小平理论和"三个代表"重要思想研究中心在北京举办"马克思主义中国化论坛"。在6月17日的大会上，作者就该文作了重点发言。全文发表于《中国井冈山干部学院学报》2006年第2卷第2期。这是该文的一部分，收入本书时有改动。

一次历史性飞跃的延伸和第二次历史性飞跃的准备。

从新中国成立到党的十一届三中全会前的 29 年，是党在探索建设中国自己的社会主义道路的过程中既有重大胜利又遭受比较多的曲折和比较严重的挫折的一段历史。对这段历史怎么认识，尽管 1981 年通过的《决议》已有结论，对许多重大历史问题已形成共识，但是对这个《决议》中的一些重要问题的论断如何解读，在理论界和党史界迄今仍有不同看法，有的分歧还不小。在大家都赞同《决议》的大前提下，对一些问题见仁见智应当允许，通过百家争鸣来求同存异。这里，我想根据我们"马克思主义中国化的历史进程和基本经验"课题组首席专家龚育之提出的马克思主义中国化第一次历史性飞跃的延伸和第二次历史性飞跃的准备的思想，就如何解读这段历史，讲点个人看法。

一、新中国成立后 29 年的历史

新中国的成立开辟了中华民族历史的新纪元，是中国共产党历史发展的新篇章。怎样建设新中国呢？按照在《新民主主义论》中提出、经过党的七大和七届二中全会决议发展了的认识，首先在全国范围内建设新民主主义社会，经过新民主主义转变为社会主义。因此，新中国成立伊始通过的第一部大宪章《共同纲领》，是一部新民主主义的建国纲领，制定了建设新民主主义的各项政策。

新中国的头 3 年就是建设新民主主义，准确地说，是建设一个比在根据地局部的发展更为全面、形态更为完备、模式更具典型意义的新民主主义的高级阶段。到 1952 年，土地改革和其他民主改革基本完成，遭到严重破坏的各项事业得到初步恢复，国家的经济状况超过历史最高水平。正在这时，由于国内因素和国际因素的综合作用，党中央对于如何向社会主义过渡作了新的思考，提出并实施了过渡时期总路线这一过渡到社会主义的新理念，将原来设想的先工业化后集体化和国有化，改变为社会主义工业化和对生产资料私有制的社会主义改造同时并举。从 1953 年开始，在开展大规模经济建设，实施第一个五年计划的同时，到 1956 年提前完成社会主义改造任务，初步地建立起社会主义基本制度，按照我们党后来的认识，这时进入的只是社会主义的初级阶段。

1956 年召开的党的八大，总结党的七大以来特别是新中国成立以来的历史经验，根据社会主义改造任务基本完成后的新形势和国家面临的新问题，明确指出：我国无产阶级同资产阶级之间的矛盾已经基本解决，国内的主要矛盾是人民对于经济文化迅速发展的需要同当前经济文化不能满足人民需要的状况之间的矛盾；国家的主要任务是要在新的生产关系下集中力量发展生产力，"尽可能迅速地实现国家工业化，有系统、有步骤地进行国民经济的技术改造，使中国具有现代化的工业、现代化的农业、现代化的交通运输业和现代化的国防"。这是党对现代化思想的初始表述。在党的八大前后，党还提出了许多具有积极探索意义的新的方针和设想，从而使这个时期成为党探索中国自己建设社会主义道路的良好开端。

1957 年夏天，党决定进行整风运动，并号召全国各界帮助成为执政党的中国共产党整风。由于"大鸣大放"和整风运动中出现的一些攻击性言论，对这些攻击性言论作了过度反应，党在开展的反右派斗争中严重混淆两类不同性质的矛盾，并使党对八大明确了的社会主要矛盾的认识发生了逆转。接着，党的指导思想又经历了曲折，出现了"大跃进"和人民公社化运动，出现了"反右倾"斗争。就是说，八大以后，党的指导思想出现两个发展趋向。一个发展趋向是正确的和比较正确的，它包括党在探索中国自己的建设社会主义道路的过程中形成的一些正确和比较正确的理论观点和方针政策，积累的一些正确和比较正确的实践经验。这除了八大前后一年半多的探索外，还有 1959年庐山会议以前八九个月的纠正"大跃进"和人民公社化运动中"左"的错误，以及 1960 年冬天以后 5 年调整中取得的积极成果。另一个发展趋向是错误的趋向，这就是党在探索过程中形成的一些错误的理论观点、政策思想和实践。它主要表现为两个方面：一是在经济建设指导方针上急于求成，超越了历史发展阶段，1958 年开始的三年"大跃进"和人民公社化运动对社会生产力的发展造成了极大破坏，给人民生活带来严重困难；二是政治领域形成了阶级斗争为纲的指导方针，在 1957 年反右派斗争后又发生了 1959 年的"反右倾"斗争和 1962 年八届十中全会以后从城乡社会主义教育运动到意识形态的大批判运动。在这 10 年中，党的指导思想的两个趋向交错发展。一方面，正确和比较正确的发展趋向的努力，为我们国家打下了赖以进行现代化建设的一定的物质技术基础，取得的成绩是主要的；另一方面，错误的发展趋向后来压倒了正确和比较正确的发展趋向，致使"文化大革命"爆发。

从 1966 年开始的"文化大革命"，对社会主义道路的探索陷入了严重迷误。干部被打倒，各级党委和政府机构长时间瘫痪，社会处于混乱状态，广大人民的生命财产蒙受巨大损失，党和国家遭到新中国成立以来最严重的挫折。但就党的指导思想而言，实际上也存在着两个发展趋向。尽管错误的发展趋向在 10 年间的全局上占据着主导地位，但在"文化大革命"前积累的正确的和比较正确的发展趋向还在艰难地发挥作用，因此，对"文化大革命"的各种形式和各种程度的抵制和抗争没有停止过。特别是两度在毛泽东支持下由周恩来在 1972年领导的批判极左思潮和邓小平在 1975 年领导的全面整顿，曾经遏制了社会动乱，使遭受严重破坏的国民经济有所好转。在对外关系上，尽管也受到过林彪集团和"四人帮"的干扰，但绝大部分时间坚持了正确的和比较正确的发展趋向，顶住国际上霸权主义和强权政治的压力，维护国家安全，支持各国人民的正义斗争，外交格局有重大的新突破。正是由于正确的和比较正确的发展趋向在努力前行，对"文化大革命"进行抵制和抗争的力量日益发展，给党和国家带来巨大灾难的"文化大革命"越来越被广大人民群众所唾弃，最后由代表正确的和比较正确的发展趋向的党中央一举粉碎"四人帮"，结束了"文化大革命"的十年内乱。此后，虽然出现了"两年徘徊"，但历史前进的潮流不可阻挡，最后在1978年底党的十一届三中全会终于克服了党的指导思想的"左"的错误，实现了党的历史的又一次伟大转折，国家的发展进入一个新的阶段。

二、如何理解29年探索中的挫折

新中国成立后29年经历的曲折和挫折同新中国成立前党领导革命28年经历的曲折和挫折，不能完全等量齐观。就领导主体而言，两者既有相同的一面，又有不同的一面。

两者相同的是：第一，党的领导没有经验。一是领导革命没有经验，二是领导建设没有经验，都在探索过程中存在失误。第二，两个时期主要都是"左"的错误。在大革命后期和抗日战争前期虽然犯有右的错误，但在土地革命战争前期连续三次"左"的错误，特别是第三次"左"倾路线错误，带给中国革命的损失最为严重。新中国成立后党所犯的主体错误也是"左"，特别是三年"大跃进"运动和十年"文化大革命"是全局性的"左"倾错误，其时间之长超过了党的历史上的任何一次。第三，两者错误的内涵就思想路线而言都带有教条主义和经验主义性质，尽管其具体形态不同。大革命后期和土地革命前期的主要错误倾向，是把马克思主义教条化、把共产国际决议和苏联经验神圣化，经验主义成为教条主义的俘虏。新中国成立后所犯的阶级斗争扩大化乃至人为制造阶级斗争的错误，既有误解马克思主义著作或将其教条化的问题，又有习惯于将革命战争年代群众性斗争的旧方法和旧经验照搬的问题。"大跃进"运动的错误，是用大搞群众运动的办法来搞经济建设。就此而言，党在新中国成立前后犯错误，其思想方法有相通的一面。

两者的错误又有很大的不同。一为新中国成立后是党在全国范围执政条件下犯的错误，其危害和影响比过去要大得多，其承受和克服错误的耐力也比过去要大得多。在战争年代，以中华苏维埃共和国鼎盛时期而言，总面积只有 40 余万平方公里，总人口约 3000 万，党所犯"左"的错误的影响主要在这个范围。新中国成立后，党作为执政党，所犯的错误带有全国性，影响更为广泛。二为新中国成立后是在坚持马克思主义中国化的理念过程中犯的错误。过去为害最烈的"左"倾领导人犯错误，一个重要原因是认为"山沟里产生不了马克思主义"，将马克思主义中国化的思想视为"狭隘经验论"。新中国成立后党犯错误时则不然，其指导思想始终是坚持马克思主义中国化理念，要努力探索中国自己建设社会主义的道路。这是与过去犯错误的一个重要区别。三为新中国成立后党是在批判苏联模式过程中犯的错误。过去犯错误的一个重要原因是将苏联经验神圣化，新中国成立后上述两次全局性的大错误都与"以苏为鉴"有关。"大跃进"运动的错误是为了反对照抄照搬苏联经验而引发的。"文化大革命"的错误是为了使中国不走苏联"蜕变"的老路，要"反修防修"而发动的。前者是将苏联作为正面参照物，后者则将苏联作为反面参照物。这是又一个不同。

为什么坚持马克思主义中国化的理念还犯错误呢？其主观愿望与实际过程相背离的原因在于：

第一，坚持马克思主义中国化的理念并不等于对中国的实际能有正确的认识。新中国成立后党犯的错误，无论在经济生活方面还是在政治和意识形态领域，都是因为党的决策严重不符合那时中国的实际。"大跃进"和人民公社化运动的"左"的错误是如此，反右派斗争以后的历次政治运动，直至"文化大革命"所犯的错误莫不如此。正如毛泽东对调查研究的认识一样，开始是讲"不做调查没有发言权"。随后又提出："不做正确的调查同样没有发言权。"同此道理，讲"中国化"，也要讲两句话：不仅要讲联系中国实际，还要强调正确地认识和联系中国实际。这是最重要的。

第二，就马克思主义中国化的内涵来看，只强调"民族化"不够，还要与时俱进，讲"当代化"。不与时俱进，看不到马克思主义的中国化也要"当代化"，同样会犯错误。在革命战争年代，讲马克思主义中国化，着重讲民族化、地域性，没有特别提出时代的问题，是因为列宁所说的世界处于帝国主义时代和战争与革命的主题在那时没有改变。但在第二次世界大战后，尤其是新中国成立后，世界的政治、经济和科学技术在酝酿着和发生着巨大变化。首先在 20 世纪 50 年代已开始新的科学技术革命。在党的八大时期，党和政府看到这个大趋势，制定了十二年科学发展规划。但是，1958 年开始的"大跃进"运动，则抛开甚至背离了这个时代潮流，在根本上是反科学的。那时强调的所谓"中国化"，没有与时俱进而是反时倒退，没有融入"当代化"而是一直"土法化"。随着科学技术的突飞猛进，社会主义与资本主义的关系在某些方面也在悄悄地发生变化，两者除了有相互对抗、斗争和排斥的一面，其相互贯通、相互渗透，甚至还相互补充的一面渐渐引人关注。一些社会主义国家从 20 世纪 50 年代开始进行改革，尽管有的国家没能把握好方向，但有的国家却在努力与时俱进。而那时我们国家尽管也迈开了改革的步伐，并取得了不少重要成果，但由于在许多方面处于与世隔绝的封闭半封闭状态，对社会主义与资本主义关系的认识比较滞后，因而那时讲的"中国化"没有融入"当代化"元素。这是在坚持马克思主义中国化过程中犯错误的又一个重要原因。

第三，对马克思主义著作的理解有"教条化"倾向。"马克思主义中国化"理念本来是在反对将马克思主义教条化的斗争中提出的。坚持马克思主义中国化的一个基本前提，就是反对从马克思主义著作中去寻找现成答案，强调它是行动指南的方法论。但是自开展国际共产主义运动大论战后，我们党对马克思主义著作的解读渐渐有了"教条化"乃至"原教旨"倾向，似乎这样就有"话语权"，具有"正宗性"。这不仅强化了国际共产主义运动的论争，我们跟论战的对方一起"都讲了许多空话"，而且影响国内的政治经济决策。如 1981 年的《决议》所指出的：这种对马克思主义著作的某些误解或教条化，使一些决策显得很有"理论根据"，"使我们把关于阶级斗争扩大化的迷误当成保卫马克思主义的纯洁性"。这样，在主观上坚持着马克思主义中国化的理念，而实际所探索的中国自己建设社会主义的道路却陷入歧途。这是新中国成立后党犯"左"的错误的一个重要理论根源。

三、29 年历史发展与两次历史性飞跃

讲马克思主义中国化的历史性飞跃，最初是党的十三大。那时的表述是"马克思主义与我国实践的结合"有"两次历史性飞跃"，探索出两条有中国特色的道路。第一次飞跃发生在新民主主义革命时期，找到了有中国特色的革命道路，把革命引向胜利。第二次飞跃发生在党的十一届三中全会以后，找到一条建设有中国特色的社会主义的道路，开辟了社会主义建设的新阶段。这是从实践层面讲的。在党的十四大报告中，又提出党领导进行两次伟大革命的思想。第一次伟大的

革命不仅仅是夺取新民主主义革命的胜利，还包括建立起社会主义基本制度，将半殖民地半封建的旧中国变成社会主义新中国。第二次伟大的革命，是指改革开放和现代化建设这场新的革命。其历史起点是党的十一届三中全会，目标是将中国由不发达的社会主义国家变成富强民主文明的社会主义现代化国家，这是一个相当长的历史阶段。

据此，就马克思主义中国化第一次历史性飞跃与党领导的第一次伟大革命而言，两者的下限有一个时间差。前者是到1949年新中国的成立，后者是到1956年社会主义基本制度的建立。讲第一次历史性飞跃的延伸，就是延伸到1956年建立社会主义基本制度及其以后的一段调整。经过这段延伸，也获得两方面成果。就实践成果而言，如第二个《决议》所讲的"在过渡时期中，我们党创造性地开辟了一条适合中国特点的社会主义改造的道路"。就理论成果而言，那就是毛泽东思想在新中国成立后的丰富和发展。其丰富和发展的内容，第二个《决议》对毛泽东思想的论述已作了概括。这个新概括包括党在民主革命和社会主义建设时期的正确的基本理论和基本政策，涉及政治、经济、文化、民族、军事和国际问题等诸多内容，在总体上回答了在中国如何革命、夺取革命胜利和实现革命转变，走向社会主义的一系列根本问题，标志着党对中国革命发展规律的认识达到新的高度。

说这段历史又是马克思主义中国化第二次历史性飞跃的准备，是因为党在这个时期已提出要将马克思主义理论与中国社会主义建设实际相结合的问题。先是在苏共二十大后的1956年4月，毛泽东指出：现在我们有了自己的初步实践，又有了苏联的经验和教训，应当更加强调从中国的国情出发，在结合上下功夫，"进行第二次结合，找出在中国进行社会主义革命和建设的正确道路"[①]。后来在1962年七千人

[①] 吴冷西：《十年论战（1956—1966）》上册，中央文献出版社，1999，第23页。

大会上的讲话中，毛泽东提出"我们必须把马克思列宁主义的普遍真理同中国社会主义建设的具体实际、并且同今后世界革命的具体实际，尽可能好一些地结合起来，从实践中一步一步地认识斗争的客观规律"①。这就是说，党要进行第二次伟大革命，探索中国自己的建设社会主义的道路，开始马克思主义中国化第二次历史性飞跃的任务，在那时已经提出。

事实上，如前所述，探索中国自己的建设社会主义的道路已有良好开端。如果探索成功，第二次历史性飞跃的起点就应该从那时算起。只是因接踵而至的历史发生大的曲折，出现像"大跃进"和"文化大革命"那样全局性的严重失误，这个理论的起点没能变成历史的现实，即没能践行"第二次结合"的任务，实现第二次历史性飞跃。不过，从1956年党的八大开始探索中国自己的建设社会主义的道路，无论取得的成功还是经历的挫折，都为第二次历史性飞跃作了重要准备。这个准备，从总体上看，最重要的是：

——为第二次历史性飞跃提供了坚强的政治保障。国家的统一，民族的团结，政权的巩固，社会主义制度的建立，使党继续探索中国自己的建设社会主义的道路有根本的政治基础。

——为第二次历史性飞跃提供了一定的经济基础。工农业生产在动荡中曲折发展，但终究建立起比较完整的工业体系和国民经济体系。这是在新阶段推进改革开放和现代化建设事业的历史基础。

——为第二次历史性飞跃准备了重要的思想条件。1957年后探索的偏离和"文化大革命"的迷误，首先是思想路线发生偏离和迷误。那时不是以实践作为检验真理的唯一标准，而是从本本出发乃至个人意志出发，思想僵化，迷信盛行，探索陷入歧途。"文化大革命"的灾

---

① 《毛泽东著作选读》下册，人民出版社，1986，第828—829页。

难，促进广大人民群众的觉醒，这为党的十一届三中全会拨乱反正，实现历史的伟大转折准备了重要的思想条件和群众基础；而马克思主义思想路线的重新确立，是第二次历史性飞跃的思想基础。

——为第二次历史性飞跃提供了丰富的历史参照。这个时期已开始的对中国自己的建设社会主义的道路的探索，提出过许多重要的理论观点、政策思想，积累了深刻的实践经验，无论是正面的还是负面的，"文革"前的还是"文革"中的，都是继续进行有中国特色的社会主义道路探索的实践基础。

——为第二次历史性飞跃提供了宝贵的干部资源。在 20 年"左"的错误期间，尽管许多干部受到迫害，但后来得以幸存。党的十一届三中全会以后，经过拨乱反正，平反冤假错案，他们重新走上领导岗位，承前启后，继往开来，使进行第二次伟大革命和实现马克思主义中国化第二次历史性飞跃有重要的领导力量和组织基础。

历史的发展犹如环环相扣的链条，不管每个历史环节所起的作用如何，但缺少任何一个环节就不可能形成历史之链。这诸多方面的准备，对于实现马克思主义中国化第二次历史性飞跃，无论哪一点都是不可缺少的。没有这样的基础，很难有马克思主义中国化第二次历史性飞跃。

第三篇

改革开放新时期

哲学的"核爆炸"和"核动力"^①

——纪念真理标准讨论 30 周年

本文的题目很吓人，也让人感到莫名其妙，但其实是以比喻来讲毛泽东关于"精神变物质"的浅显道理。30 年后蓦然回首，神州大地天翻地覆，真理标准讨论的巨大影响，不就有如"核爆炸"释放的能量吗?! 这也使我想起了 20 世纪 70 年代的"小球推动大球"，对世界格局发生的巨大影响。实践是检验真理的唯一标准，这是马克思主义哲学的基本常识，但在那个特定的历史时代则要重新进行这个教育。又有谁能想到，它引发的思想解放和改革开放，使我们国家发生了这么巨大的变化! 本文通过简要地回顾近现代历史上的思想解放情况，来看真理标准讨论引发的思想解放对当代中国历史的深刻影响。

人类的近现代历史，越来越凸显思想解放对社会发展的推动作用。一般说来，思想解放的程度，决定着社会发展进步的幅度。从世界历史看，资本主义文明的巨大发展，不能不说与欧洲文艺复兴和启蒙思想运动引发的伟大思想解放有密切关系。在我们国家，近现代以来，也经历了一次又一次思想解放。但就思想解放的广度和深度而言，真

---

① 2008 年 4 月 26 日，中国辩证唯物主义研究会和北京市邓小平理论研究会等单位召开"首都理论界纪念真理标准讨论 30 周年座谈会"。本文是作者的书面发言，发表在《理论前沿》2008 年第 12 期。

理标准讨论引发的思想解放，超过了以往任何一次。20 世纪 80 年代，有人曾说真理标准讨论是第三次思想解放运动，后来又有人提出辛亥革命也是一次思想解放运动。作为学术问题，这些都可以继续研究。即使加上辛亥革命，之前三次思想解放运动都不如真理标准讨论引发的思想解放运动深刻、对社会发展进步的推动力宏大且持久。

一、三次思想解放运动与真理标准讨论

首先，看辛亥革命引发的思想解放运动。辛亥革命作为政治革命，推翻了封建帝制，开启了中国民主政治的先河。但讲思想解放，还要上溯到甲午中日战争后以严复为代表的维新派思想家对"西学"（即西方资产阶级的政治、经济和社会学说）的译介，对变法思想的宣传；再就是革命派创办刊物，发表时论，鼓吹革命，传播共和思想。其影响主要在知识界和革命党人中，并未波及社会底层以及没有成为广大民众的思想武器。因此，没有多久，革命成果即被袁世凯窃取，社会经历了一段时间的反动和动荡。

其次，是由五四新文化运动引发的思想解放运动。五四运动，从政治层面而言，是反帝反封建的新民主主义革命的伟大开端；从思想层面而言，由新文化运动开始引发的思想解放的影响力比辛亥革命大许多。它承担着辛亥革命没有解决的思想革命任务，不仅民主与科学两个伟大思想长期地激荡着中国社会，而且马克思主义被传到中国，成为先进的中国人观察和改变中国发展道路的强大思想武器，推动了中国共产党的诞生。很可惜，随着始于北伐战争的大革命的失败，五四运动的革命精神阻滞了。

最后，就是延安整风思想解放运动。这是在中国共产党领导的革命根据地进行的，通过系统学习马克思主义理论和总结中国革命经验，

使广大党员特别是领导干部，既提高了理论水平，又增强了革命本领。一方面，将马克思主义理论中国化，使之具有中国特点；另一方面，将中国革命经验马克思主义化，使之具有理论形态。这样互动的结果，实现了马克思主义基本原理与中国革命具体实际相结合的第一次历史性飞跃，既探索出了新民主主义革命的正确道路，又创立了我们党的第一个伟大理论成果——毛泽东思想。在毛泽东思想指引下，不仅取得了中国革命的伟大胜利，而且初步地建立起社会主义基本制度。但从 1957 年反右派斗争开始，党的指导思想就犯了"左"的错误，按照邓小平的说法，这一"左"就是 20 年。

二、真理标准讨论的"核爆炸"和"核动力"

真理标准讨论引发的思想解放运动，跟此前几次比较，有几个新的特点。第一，它区别于辛亥革命和五四时期的思想解放运动，是执政的革命政党有领导、有组织、自觉地进行的，力度空前。第二，它区别于延安整风的思想解放运动，是中国共产党在全国范围开展的，规模空前。第三，它的锋芒指向党自身的两位主席，直接指向华国锋提出的"两个凡是"的错误方针，间接指向毛泽东的晚年错误，而毛泽东又是延安整风思想解放运动的主要领导人。辛亥革命和五四时期的思想解放运动不存在这个问题。延安整风的思想解放运动，主要是批判已经不在党中央主要领导岗位的领导人，其阻力没法同真理标准讨论时期相比。因此，真理标准讨论的思想解放的深刻程度空前。第四，它的高潮时间空前。以辛亥革命为代表跨世纪的思想解放，其高潮很短，有如昙花一现。五四时期的思想解放高潮，从新文化运动到马克思主义在中国传播引发的论争，有 4 年左右的时间。延安整风的思想解放的高潮，从《改造我们的学习》到党的七大召开，也有 4 年多的时间。真理标准讨论引发的思想解放，一般将上限从 1978 年 5 月《实践是检验真理的唯一标准》的特约评论员文章发表算起。对下限有不同算法，比较多地算到 1981 年 6 月党的十一届六中全会通过《关于建国以来党的若干历史问题的决议》，有 3 年多时间；也有的算到 1987 年党的十三大，因为它首次提出我们党实现了马克思主义基本原理与当代中国实际和时代特征相结合的第二次历史性飞跃，开始找到建设有中国特色的社会主义道路。这样算，就有 10 年。所以，其高潮持续的时间比较长。

之所以将真理标准讨论引发的思想解放比喻为"核爆炸"，除了将它与 20 世纪几次大的思想解放运动进行比较之外，更主要的是它对这 30 年的历史所产生的巨大而深刻的影响。这个影响是多方面的，也可以说是全方位的。最主要的原因是：

其一，真理标准讨论的展开，与"两个凡是"直接博弈，重新确立了马克思主义的实事求是思想路线，既为拨乱反正、正本清源提供了强大思想武器，也为中国重新起飞，进行第二次伟大革命奠定了坚实的思想基础。当时，拨乱反正，纠正各个领域"左"的错误之艰难，凡是经历过那段历史的人都有深切体会。从"两个凡是"转向实事求是，犹如核裂变；而实事求是指导思想通过党的十一届三中全会的确立，既孕育着改革开放的第二次伟大革命，又为它的健康发展，继而为接下来中国的 30 年巨变，提供了思想保证。从我们党目前的走势看，这条思想路线会长期坚持下去，也就是说，真理标准讨论引发的思想解放的影响力还会持续不断。正是从这个意义上说，这个哲学 ABC 的威力是国家进步发展的"核动力"。

其二，真理标准讨论的思想解放，是平反冤假错案、让广大受迫害的革命干部重新走上领导岗位和确立以邓小平同志为核心的中央领导集体的巨大推动力。并且，正确的组织路线为第二次伟大革命的发动和展开提供了丰富的干部资源。"文化大革命"中的和历史上的冤假错案的平反，使大批干部获得解放，重新焕发青春，他们成为领导第二次伟大革命的中坚力量。正确的思想路线，也使一茬又一茬忠诚于党和人民，又有领导能力的新干部茁壮成长。这是党的事业继往开来，国家 30 年发达兴旺的坚强有力的组织保障。

其三，真理标准讨论的思想解放，直接掀起了党的十一届三中全会后汹涌澎湃的改革开放大潮，开启了党领导的又一次伟大革命，当代中国进入一个新的历史时期。经过拨乱反正，批判"左"的错误，在指导思想上实现从"两个凡是"到实事求是的转变之后，党的政治路线实现了从以阶级斗争为纲到以经济建设为中心、从僵化半僵化和封闭半封闭到全面改革开放、从计划经济到社会主义市场经济的伟大历史转折，经过总结过去的历史经验和改革开放以来的新鲜经验，终于开辟了中国特色社会主义道路。这是在中国建设社会主义的正确道路，也是发展中国、富强中国唯一的正确道路。

其四，真理标准讨论的思想解放，为党的十一届三中全会后的理论创新开辟了异常广阔的空间。我们党实现的马克思主义基本原理与当代中国实际和时代特征相结合的第二次历史性飞跃，从实践层面看，是探索到中国特色社会主义道路；从理论层面看，则是创立了一个又一个马克思主义中国化的新成果。它的最初成果是邓小平理论，真理标准问题讨论就是邓小平理论的逻辑起点。按照党的十七大的新概括，党的十一届三中全会以来的理论创新，都属于"中国特色社会主义理论体系"。它包括邓小平理论、"三个代表"重要思想和科学发展观等马克思主义中国化最新成果。邓小平理论是这个理论体系的原创理论，此后的理论都是对它的继承和发展。从这个意义上说，真理标准讨论又可视为中国特色社会主义理论体系的逻辑起点。这个理论体系是个不断发展的开放体系，也就是说，真理标准讨论的思想解放还会对今后的理论创新产生深刻影响。

从宏观看，30年历史虽然弹指一挥间，但在中国近现代史上有30年的平稳、快速、持续的发展，则是从未有过的。因此，说一个小小的哲学问题引发了"核爆炸"，产生了"核动力"，我以为，并不为过。

改革开放是中华民族伟大复兴的必由之路①

习近平总书记指出，中国特色社会主义是改革开放以来党的全部理论和实践的主题。中国特色社会主义道路是实现社会主义现代化、创造人民美好生活的必由之路，中国特色社会主义理论体系是指导党和人民实现中华民族伟大复兴的正确理论，中国特色社会主义制度是当代中国发展进步的根本制度保障，中国特色社会主义文化是激励全党全国各族人民奋勇前进的强大精神力量。值此庆祝改革开放40周年之时，围绕中国特色社会主义这个主题，全面梳理阐释我们党是怎样提出、丰富和发展中国特色社会主义，从而铸就震撼世界的中国发展奇迹，具有重大的历史意义和时代价值。

一、愈益宽广的中国特色社会主义道路

"文化大革命"结束后，党和国家面临着向何处去的抉择。邓小平指出：走自己的道路，建设有中国特色的社会主义。在这一伟大历史进程中，具有决定性作用的是以下三大决策：

第一，为开启改革开放闸门，提出了三个"大政策"：一是允许一部分地区、一部分人先富起来，先富带动后富，走向共同富裕；二是

---

① 这是作者为纪念改革开放40周年而作的一篇文章。

实行家庭联产承包责任制，八亿农民获得土地经营自主权；三是倡导兴办经济特区，推动形成全国对外开放格局。这三个"大政策"，对开辟中国特色社会主义道路起了披荆斩棘的作用。

第二，率先提出并始终强调坚持"一个中心、两个基本点"的基本路线。这条基本路线是中国特色社会主义道路之魂。党的十三大对基本路线作了科学概括。此后，邓小平不断强调基本路线不能改变，要管一百年，动摇不得。实践证明，党的基本路线是使中国特色社会主义得到发展、人民生活走向富裕的唯一正确路线。

第三，提出"三步走"发展战略和社会主义现代化奋斗目标。邓小平在不同场合多次强调，社会主义初级阶段的最根本任务是发展生产力，我们要发达的、生产力发展的、使国家富强的社会主义。党的十三大报告据此制定的"三步走"发展战略，为当代中国发展进步明确了大致的时间表，使之基本成为实现中华民族伟大复兴的路线图。

20世纪80年代末，世界社会主义发展出现严重曲折。以江泽民同志为主要代表的中国共产党人受命于历史关头，深化对党的基本路线的认识，确立党的基本纲领和基本经验，拓展了中国特色社会主义道路的理论底蕴，成功地将中国特色社会主义推向21世纪。

21世纪初，以胡锦涛同志为主要代表的中国共产党人在全面建设小康社会进程中，首次明确高举中国特色社会主义伟大旗帜，最根本的就是坚持中国特色社会主义道路、中国特色社会主义理论体系和中国特色社会主义制度，在新的历史起点上坚持和发展了中国特色社会主义。

党的十八大以来，以习近平同志为核心的党中央以巨大的政治勇气和强烈的责任担当，提出一系列治国理政新理念新思想新战略，解决了许多长期想解决而没有解决的难题，办成了许多过去想办而没有办成的大事，中国特色社会主义进入了新时代。

就职伊始，习近平提出将中国梦作为实现国家富强、民族振兴、人民幸福的奋斗目标。这是党的十八大以来，以习近平同志为核心的党中央治国理政新理念新思想新战略的源头。对如何实现中国梦，以习近平同志为核心的党中央推出了两项重大举措：一是"五位一体"总体布局和"四个全面"战略布局，明确了新的历史条件下必须解决好的主要矛盾，进一步理顺了各项工作的关键环节、重点领域、主攻方向，这是新形势下治国理政方略的主体和核心；二是"创新、协调、绿色、开放、共享"的新发展理念，进一步抓住了发展的要领，深化了对经济社会发展规律的认识，这是引领我国发展全局深刻变革的科学指引。

党的十八大以来统筹推进"五位一体"总体布局，协调推进"四个全面"战略布局，贯彻落实新发展理念，拓展了中国特色社会主义道路内涵，党和国家事业全面开创新局面。这表明以习近平同志为核心的党中央对中国特色社会主义道路的认识达到了新境界。

二、不断丰富的中国特色社会主义理论体系

改革开放作为党领导的第二次伟大革命，取得的第一个重大理论成果，就是邓小平理论。这是中国特色社会主义理论体系的奠基之石，也是中国特色社会主义理论的开篇之论。

邓小平理论是马克思列宁主义基本原理与当代中国实际和时代特征相结合的产物，是对改革开放新鲜经验的原创性总结。这个总结在1992年南方谈话中最为突出。南方谈话集邓小平建设中国特色社会主义思想之大成，比较全面地论述了他长期思索的一系列重大问题。党的十四大和十五大指出：邓小平理论坚持用宽广眼界观察世界，开拓了马克思主义的新境界，第一次比较系统地初步回答了中国这样经济

文化比较落后的国家如何建设社会主义、如何巩固和发展社会主义的一系列基本问题，把对社会主义的认识提高到新的科学水平，形成了新的科学体系，是马克思主义在中国发展的新阶段。

邓小平理论的提出在党的指导思想发展史上具有重大意义。它是马克思主义中国化第二次历史性飞跃的创新理论，肩负着承前启后、继往开来的重任。继往，是对毛泽东思想的坚持；开来，即"三个代表"重要思想、科学发展观和习近平新时代中国特色社会主义思想，都是对邓小平理论的丰富和发展。邓小平理论奠定了中国特色社会主义理论体系的坚固基石。

"三个代表"重要思想，加深了对什么是社会主义、怎样建设社会主义，建设什么样的执政党、怎样建设执政党的认识。它有两个重要创新：一是党的性质从过去长期讲的"一个先锋队"——中国共产党是中国工人阶级的先锋队，发展为"三个先锋队"——中国共产党是中国工人阶级的先锋队，同时是中国人民和中华民族的先锋队。这是对党的阶级性质和群众基础、民族基础的新表述，是对党的先锋队性质的新认定。二是党的先进性内涵从过去长期讲的"一个代表"——中国各族人民利益的忠实代表，发展为"三个代表"——代表中国先进生产力的发展要求，代表中国先进文化的前进方向，代表中国最广大人民的根本利益。这个新变化体现了党对自身的先进性的认识，和同世界先进生产力和人类文明进步发展方向的密切联系。

进入 21 世纪后，国内改革进入攻坚期，国际环境处在大变革大调整中。我们党深刻把握新的阶段性特征，深入总结改革开放以来的实践经验，提出了科学发展观。

坚持科学发展观，首先，必须把发展作为党执政兴国第一要务，着力把握发展规律，加快形成符合科学发展要求的体制机制；其次，必须坚持以人为本，始终尊重人民主体地位，保障人民各项权益，在实现发展成果由人民共享、促进人的全面发展上不断取得新成效；再次，必须坚持全面协调可持续发展，建设资源节约型、环境友好型社会的文明发展道路；最后，必须坚持统筹兼顾，正确认识和妥善处理中国特色社会主义事业中的重大关系。科学发展观是马克思主义关于发展的世界观和方法论的集中体现，对新形势下实现什么样的发展、怎样发展等重大问题作出了科学回答。

党的十八大以来，面对国内外形势变化和我国各项事业发展，必须从理论和实践结合上系统回答新时代坚持和发展什么样的中国特色社会主义、怎样坚持和发展中国特色社会主义这个重大时代课题。围绕这个重大时代课题，以习近平同志为核心的党中央紧密结合新的时代条件和实践要求，以全新的视野深化对共产党执政规律、社会主义建设规律、人类社会发展规律的认识，形成了习近平新时代中国特色社会主义思想。它是马克思主义中国化的最新成果，是党和人民实践经验和集体智慧的结晶，是中国精神的时代精华，是国家政治生活和社会生活的根本指针。

需要指出的是，全面从严治党在形成习近平新时代中国特色社会主义思想过程中起到了决定性作用。全面从严治党是党伟大的自我革命，着力解决对党的执政基础威胁最大的"四风"问题，开展反腐败斗争。一个时期，西方学者鼓吹的"只有实行两党制才能反腐败"的论调甚嚣尘上，那种认为中国共产党不可能反腐，"反腐党亡，不反腐国亡"的谬论广为流传。党中央以猛药去苟、重典治乱的决心进行自我革命。经过短短5年多的时间，反腐败斗争取得压倒性胜利。党的十八大以来开展的反"四风"和反腐败斗争，是党的作风建设的拨乱反正。全面从严治党的理论和实践，为中国共产党走出腐败变质的"历史周期率"初步找到了秘诀。

三、不断健全的中国特色社会主义制度

邓小平曾指出："我们建立的社会主义制度是个好制度，必须坚持。"[①] 1987年4月，他进一步明确指出："我们的社会主义制度是有中国特色的社会主义制度。"[②] "中国特色社会主义制度"这一概念由此而来。

邓小平对如何坚持和发展中国特色社会主义制度的重要论述，是我国进行政治体制改革的理论基础。他强调，坚持社会主义制度首要一条是坚持四项基本原则，为我们事业的健康发展从根本上提供保证。我们实行的全国人民代表大会制度，符合中国实际。西方国家的多党竞选、三权分立那套体制，不适合我们国家。中国共产党领导的多党合作和政治协商制度、民族区域自治制度以及基层群众自治制度，是我国社会主义制度的优势。他大力倡导建设中国特色社会主义法律体系，大力推动确立公有制为主体、多种所有制经济共同发展的基本经济制度。他反复强调，改革就是要使党和国家的政治制度更加完备、周密、准确，能够切实保证人民真正享有管理国家各级组织和各项企业事业的权利，享有充分的公民权利。我们制定一系列的法律、法令和条例，要使民主制度化、法律化。这些思想，为坚持和完善中国特色社会主义制度奠定了重要基础。

党的十四大确立我国经济体制改革的目标是建立社会主义市场经济体制。党的十四届三中全会通过的《关于建立社会主义市场经济体制若干问题的决定》，明确市场在国家宏观调控下对资源配置起基础性

---

① 《邓小平文选》第三卷，人民出版社，1993，第116页。
② 《邓小平文选》第三卷，人民出版社，1993，第218页。

作用，勾画出社会主义市场经济体制的基本框架。党的十五大首次提出，党的十六大进一步明确要坚持和完善公有制为主体、多种所有制经济共同发展的基本经济制度。党的十六大还对中国特色社会主义民主政治制度作了进一步归纳，指出发展社会主义民主政治，最根本的是要把坚持党的领导、人民当家作主和依法治国有机统一起来。中国共产党执政就是领导和支持人民当家作主，最广泛地动员和组织人民群众依法管理国家和社会事务，管理经济和文化事业，维护和实现人民群众的根本利益，建设社会主义法治国家。这是中国共产党执政半个多世纪以来对发展社会主义民主政治历史经验的科学总结。

进入 21 世纪后，中国特色社会主义理论和制度得到了进一步丰富和发展。2011 年庆祝中国共产党成立 90 周年大会对党在改革开放新时期的根本成就作了新的概括：开辟了中国特色社会主义道路，形成了中国特色社会主义理论体系，确立了中国特色社会主义制度。指出中国特色社会主义制度是当代中国发展进步的根本制度保障，是我国在经济、政治、文化、社会等各个领域自我完善和发展形成的"一整套相互衔接、相互联系的制度体系"。它的主要内容包括：一个根本政治制度（人民代表大会制度），三个基本政治制度（中国共产党领导的多党合作和政治协商制度、民族区域自治制度以及基层群众自治制度），一个中国特色社会主义法律体系和一个公有制为主体、多种所有制经济共同发展的基本经济制度，还有建立在根本制度和基本制度基础上的经济体制、政治体制、文化体制、社会体制等各项具体制度。中国特色社会主义制度概念的明确，对今后政治体制改革和民主政治建设具有重要的指导意义。

党的十八大以来，以习近平同志为核心的党中央提出推进国家治理体系和治理能力现代化，建立各级监察委员会，深入推行全面依法治国，对于巩固、发展和完善中国特色社会主义制度具有深远影响。

党的十八届三中全会提出推进国家治理体系和治理能力现代化，即国家治理现代化。这是个非常重要的创新思想。过去讲的四个现代化主要属于经济社会发展基础层面的现代化；国家治理现代化属于社会制度上层建筑，是具有顶层设计性质的现代化，它需要对各项重要制度进行全面系统的改革和改进，是各领域改革和改进的联动和集成。

作为推行国家治理体系和治理能力现代化的重要举措，党的十九大后全面成立了国家、省、市、县监察委员会。这是对公权力监督的重大改革。监察委员会同党的纪律检查机关合署办公，有利于对所有行使公权力的公职人员的监察实行全覆盖，健全党领导反腐败工作的体制机制，是对中国特色社会主义制度的丰富和发展。

深入推行全面依法治国，是巩固、发展和完善中国特色社会主义制度的重要内容。党的十八届四中全会审议通过《中共中央关于全面推进依法治国若干重大问题的决定》，明确了全面推进依法治国的总目标；强调依法治国首先是依宪治国，依法执政关键是依宪执政，要求健全宪法实施和监督机制；强调提高作为维护社会公平正义最后一道防线的司法的公信力。深入推行全面依法治国，标志着我国民主政治建设进入了中国特色社会主义新时代。

四、不断繁荣的中国特色社会主义文化

改革开放伊始，迫切需要在发展物质文明的同时发展社会主义精神文明。邓小平同志最早阐明社会主义精神文明的科学内涵。当时制定的《关于社会主义精神文明建设指导方针的决议》，明确了社会主义精神文明在我国社会主义现代化建设总体布局中的战略地位，准确说明了共产主义理想、道德同广大群众现阶段的"共同理想"（建设有中国特色的社会主义）、社会主义道德建设基本要求（爱祖国、爱人民、

爱劳动、爱科学、爱社会主义）的关系，把先进性的要求同广泛性的要求辩证地结合起来，更加有利于团结各界人士来建设社会主义。

为了使全党重视精神文明建设，邓小平同志强调搞四个现代化一定要"两手抓"，一手抓物质文明建设，一手抓精神文明建设；两手都要硬，才是有中国特色的社会主义。他还非常重视对青年的思想政治教育，提出对广大青年要抓紧马克思主义基本理论教育、艰苦奋斗教育，要让青年了解中国历史，特别是中国近代历史，这是中国发展的一个精神动力。

党的十三届四中全会后，我们党对中国特色社会主义文化有了一个初步概括，奠定了中国特色社会主义文化是激励全党全国各族人民奋勇前进的强大精神力量的初始基础。

中国特色社会主义文化，源于中华民族 5000 年文明史，又根植于中国特色社会主义的实践，具有鲜明的时代特点。强调建设中国特色社会主义文化，必须着力提高全民族的思想道德素质和科学文化素质，培育适应社会主义现代化要求的有理想、有道德、有文化、有纪律的公民。在实践中要特别注重这三点：一是牢牢把握先进文化的前进方向，弘扬主旋律，提倡多样化，坚持以科学的理论武装人、以正确的舆论引导人、以高尚的精神塑造人、以优秀的作品鼓舞人；二是坚持弘扬和培育以爱国主义为核心的团结统一、爱好和平、勤劳勇敢、自强不息的伟大民族精神，并把它纳入国民教育和精神文明建设全过程；三是切实加强思想道德建设，建立与社会主义市场经济相适应、与社会主义法律规范相协调的社会主义思想道德体系。这些思想，丰富了中国特色社会主义文化内涵。

进入 21 世纪，我们党进一步提出建设社会主义核心价值体系，建设和谐文化，弘扬中华文化，推进文化创新，更加丰富了中国特色社会主义文化内涵。

这一时期对扎实推进社会主义文化强国建设特别强调 4 点。一是建设社会主义核心价值体系，增强社会主义意识形态的吸引力和凝聚力。它以培育和践行富强、民主、文明、和谐，自由、平等、公正、法治，爱国、敬业、诚信、友善的社会主义核心价值观为主要任务。二是建设和谐文化，培育文明风尚。它要求大力弘扬爱国主义、集体主义、社会主义思想，以增强诚信意识为重点，加强社会公德、职业道德、家庭美德、个人品德建设，形成新的社会风尚。三是弘扬中华文化，建设中华民族共有精神家园。要运用现代科技手段开发利用民族文化丰厚资源，既能保持民族性，又能体现时代性。四是推进文化创新，增强文化发展活力。党的十六大以后，文化体制改革全面展开，文化事业欣欣向荣，为推进社会主义文化强国建设打下了坚实基础。

党的十八大以来，以习近平同志为核心的党中央提出，文化自信是更基础、更广泛、更深厚的自信，着力培育和践行社会主义核心价值观，更加强调中国特色社会主义文化是激励全党全国人民奋勇前进的强大精神力量。从此，中国特色社会主义文化进入了新时代。

党的十九大的一个创新理念，是将中国特色社会主义文化同中国特色社会主义道路、理论、制度一起，作为中国特色社会主义的重要内涵，提出"四个自信"。这反映了党对文化地位和作用认识的深化。以习近平同志为核心的党中央对坚定文化自信，发展中国特色社会主义文化，特别强调以下三个方面：

一是大力培育和践行社会主义核心价值观。党的十九大报告提出，培育和践行社会主义核心价值观，要着力培养担当民族复兴大任的时代新人。用社会主义核心价值观凝魂聚力，更好地构筑中国精神、中国价值、中国力量，使之成为广大人民群众的情感认同和行为准则。

二是大力强调传承和弘扬中华优秀传统文化。它不仅对推动中国社会发展进步发挥着巨大作用，而且其哲学思想、人文精神、道德理念等也蕴藏着解决当代人类面临的诸多难题的重要启示。

三是大力要求提高国家文化软实力。它关系到我国的国际地位和国际影响力，关系到"两个一百年"奋斗目标和中华民族伟大复兴中国梦的实现，要求更好构筑中国精神、中国价值、中国力量，夯实根基，达到长远发展。

中国特色社会主义制度是如何建立的？①

中国特色社会主义制度，是近两年来的新概念。有一个时期，人们以为这与邓小平没有多少关系。其实，大谬不然，邓小平对中国特色社会主义制度的建立和中国特色社会主义制度思想理论的丰富和发展，有巨大贡献。

一、"中国特色社会主义制度"概念的提出

（一）胡锦涛明确提出"中国特色社会主义制度"概念。2011年7月1日，胡锦涛在庆祝中国共产党成立90周年大会上指出：中国共产党90年来取得了三大根本成就。一是开辟了中国特色社会主义道路，二是形成了中国特色社会主义理论体系，三是确立了中国特色社会主义制度。"中国特色社会主义制度，是当代中国发展进步的根本制度保障，集中体现了中国特色社会主义的特点和优势。我们推进社会主义制度自我完善和发展，在经济、政治、文化、社会等各个领域形成一整套相互衔接、相互联系的制度体系。"② 这是我们党首次明确提出

---

① 这是作者为纪念邓小平诞辰110周年撰写的系列文章之一。本文应约由上海《毛泽东邓小平理论研究》（月刊）杂志2014年第6期发表，原文题目是《邓小平与中国特色社会主义制度的建立》。

② 《十七大以来重要文献选编》下册，中央文献出版社，2013，第436页。

"中国特色社会主义制度"概念，也是第一次阐述中国特色社会主义制度问题。这是胡锦涛七一讲话的一个重要理论贡献。党的十八大报告对中国特色社会主义制度的创新性思想和内容作了进一步概括，并论述了道路、理论和制度三者间的功能和统一基础。

胡锦涛在讲话中还说，这是经过 90 年的奋斗、创造、积累，"长期坚持、不断发展的成就"。毫无疑问，这其中包括了邓小平对中国特色社会主义制度的奋斗和创造。邓小平在世时虽然还没有明确"中国特色社会主义制度"概念，但这不意味着邓小平没有"中国特色社会主义制度"思想。

（二）邓小平实际上提出了"中国特色社会主义制度"概念。说邓小平实际上提出了"中国特色社会主义制度"概念，是因为：

第一，"中国特色社会主义"这一概念的最初提法"建设有中国特色的社会主义"是邓小平提出的。他在党的十二大开幕词中说："走自己的路，建设有中国特色的社会主义。"党的十六大将其简化为"建设中国特色社会主义"。这丝毫不影响邓小平是这个概念的最早提出者。

第二，邓小平始终坚持、捍卫和发展，以及要求不断改革和自我完善的社会主义制度，实际上初步具有"中国特色社会主义制度"的基本内涵。下文将以专题形式来分别论述邓小平关于中国特色社会主义制度的主要内涵思想。

第三，如果不拘泥于文字，而从实质上讲，应当承认邓小平已提出这个概念。1987 年 4 月，他会见香港特别行政区基本法起草委员会委员时明确指出："我们的社会主义制度是有中国特色的社会主义制度。"[①] 胡锦涛讲的"中国特色社会主义制度"概念，不正是邓小平的

① 《邓小平文选》第三卷，人民出版社，1993，第 218 页。

"有中国特色的社会主义制度"的简化吗?! 这个概念的内涵当然不仅仅包括了邓小平的思想，但应当说首先是对邓小平有中国特色的社会主义制度思想的概括。因此，说他实际上提出了"中国特色社会主义制度"概念符合历史实际，没有牵强附会。

二、邓小平关于中国特色社会主义制度的主要思想

（一）关于中国特色社会主义制度"是当代中国发展进步的根本制度保障"的思想。胡锦涛七一讲话，对中国特色社会主义制度初步地作了创新性的规范表述。那一大段话，首先，明确了中国特色社会主义制度的基本要义，即前面引述的它"是当代中国发展进步的根本制度保障，集中体现了中国特色社会主义的特点和优势"；是我们国家的社会主义制度在经济、政治、文化、社会等各个领域自我完善和发展形成的"一整套相互衔接、相互联系的制度体系"。其次，明确了中国特色社会主义制度的主要内容。它包括一个根本政治制度（人民代表大会制度），三个重要的基本政治制度（中国共产党领导的多党合作和政治协商制度、民族区域自治制度以及基层群众自治制度），一个中国特色社会主义法律体系和一个以公有制为主体、多种所有制经济共同发展的基本经济制度，还有建立在上述根本的和基本的制度基础上的经济体制、政治体制、文化体制、社会体制等各项具体制度。最后，明确了中国特色社会主义制度的重大意义，即五个"有利于"——有利于保持党和国家活力、调动广大人民群众和社会各方面的积极性、主动性、创造性；有利于解放和发展社会生产力、推动经济社会全面发展；有利于维护和促进社会公平正义、实现全体人民共同富裕；有利于集中力量办大事、有效应对前进道路上的各种风险挑战；有利于维护民族团结、社会稳定、国家统一。

这里着重说明邓小平关于中国特色社会主义制度"是当代中国发展进步的根本制度保障"的思想。邓小平讲这个问题的论述很多，归纳起来，着重强调了三点：

一是强调坚持社会主义制度是坚持四项基本原则首要的最根本一条。他说，四项基本原则首先要求坚持社会主义制度，这是最重要的一条。"我们建立的社会主义制度是个好制度，必须坚持。"[①] 当然，我们所需要的"社会主义必须是切合中国实际的有中国特色的社会主义"[②]，"这就为我们事业的健康发展从根本上提供了保证"[③]。

二是强调中国不搞社会主义没有前途。他说，历史告诉我们，中国除了走社会主义道路，没有别的道路可走。不搞社会主义，就必然退回到半封建半殖民地；不搞社会主义，搞资本主义，首先发生的就是无法解决十多亿人口都有饭吃的问题。即便能发展起来，最终"也不过成为一个附庸国，而且就连想要发展起来也不容易"[④]。我们在建设社会主义过程中尽管犯过一些错误，但还是取得了"旧中国几百年、几千年所没有取得过的进步"[⑤]，"为了实现四个现代化，我们必须坚持社会主义道路"[⑥]。

三是强调中国要沿着自己选择的社会主义道路走到底。他说："只有社会主义制度才能从根本上解决摆脱贫穷的问题。"[⑦]"只有社会主义，才能有凝聚力，才能解决大家的困难，才能避免两极分化，逐步实现共同富裕。"[⑧] 否则，要在 20 世纪末达到小康水平，在 21 世纪中

---

① 《邓小平文选》第三卷，人民出版社，1993，第 116 页。
② 《邓小平文选》第三卷，人民出版社，1993，第 63 页。
③ 《邓小平文选》第三卷，人民出版社，1993，第 202 页。
④ 《邓小平文选》第三卷，人民出版社，1993，第 311 页。
⑤ 《邓小平文选》第二卷，人民出版社，1994，第 167 页。
⑥ 《邓小平文选》第二卷，人民出版社，1994，第 173 页。
⑦ 《邓小平文选》第三卷，人民出版社，1993，第 208 页。
⑧ 《邓小平文选》第三卷，人民出版社，1993，第 357 页。

叶"达到中等发达国家水平的目标就没有希望了"①。因此，他坚定不移地指出，"只有社会主义才能救中国，只有社会主义才能发展中国"②，中国的社会主义是变不了的，"我们对社会主义的前途充满信心"③。

这些思想，充分说明了中国特色社会主义制度"是当代中国发展进步的根本制度保障"。

（二）关于中国特色社会主义制度体系的根本政治制度思想。中国特色社会主义制度，不是一个抽象的空泛的制度概念。有如前述，它是"一整套相互衔接、相互联系的制度体系"。党的十八大将其概括为：人民代表大会制度的根本政治制度，中国共产党领导的多党合作和政治协商制度、民族区域自治制度以及基层群众自治制度等基本政治制度，中国特色社会主义法律体系，公有制为主体、多种所有制经济共同发展的基本经济制度，以及建立在这些制度基础上的经济体制、政治体制、文化体制、社会体制等各项具体制度。这里着重谈谈邓小平关于上述根本制度、基本制度等的若干重要思想，对于建立在这些制度基础上的经济体制、政治体制、文化体制、社会体制等各项具体制度，由于内容繁多，本文不作阐释。

中国特色社会主义制度体系的根本政治制度，就是人民代表大会制度。我国的人民代表大会制度，在新中国成立之际制定的《共同纲领》之中就已提出，并在1954年制定的第一部《中华人民共和国宪法》中得到确认。这一方面是经过对中国近现代革命历史经验的总结，另一方面又比较了世界各国特别是一些比较发达国家的政治制度的优劣而作出的历史性选择。这是中国共产党代表中国各族人民的正确选

---

① 《邓小平文选》第三卷，人民出版社，1993，第218页。
② 《邓小平文选》第三卷，人民出版社，1993，第311页。
③ 《邓小平文选》第三卷，人民出版社，1993，第321页。

择。历史证明，人民代表大会制度是符合我们国家的历史实际、现实状况，也为全国绝大多数人民拥护的一个好的根本政治制度。邓小平对人民代表大会制度的态度，可以概括为两句话：立场鲜明，坚决维护；消除缺陷，改革弊端，使其完善。

首先，邓小平充分肯定人民代表大会制度是个好的政治制度。他说，一个国家实行什么样的政治制度和管理方式，一定要根据自己国家的特点，切合本民族实际来决定。"我们实行的就是全国人民代表大会一院制，这最符合中国实际。"[1] 这是"共产党领导下的人民民主制度……社会主义国家有个最大的优越性，就是干一件事情，一下决心，一做出决议，就立即执行，不受牵扯"[2]，"这种体制益处很大，很有助于国家的兴旺发达"[3]。"这方面是我们的优势，我们要保持这个优势，保证社会主义的优越性。"[4]

其次，邓小平坚决反对将西方国家的三权分立等制度强加给中国。他说，我们"讲社会主义民主，和资产阶级民主的概念不同。西方的民主就是三权分立，多党竞选，等等。我们并不反对西方国家这样搞，但是我们中国大陆不搞多党竞选，不搞三权分立、两院制"[5]。1987年6月，他对来访的美国前总统卡特说：人们往往把民主同美国联系起来，认为美国的制度是最理想的民主制度。我们不能搬你们的。"中国如果照搬你们的多党竞选、三权鼎立那一套，肯定是动乱局面。如果今天这部分人上街，明天那部分人上街，中国十亿人口，一年三百六十五天，天天都会有事，日子还能过吗？还有什么精力搞建设？所以

---

[1] 《邓小平文选》第三卷，人民出版社，1993，第220页。
[2] 《邓小平文选》第三卷，人民出版社，1993，第240页。
[3] 《邓小平文选》第三卷，人民出版社，1993，第220页。
[4] 《邓小平文选》第三卷，人民出版社，1993，第240页。
[5] 《邓小平文选》第三卷，人民出版社，1993，第220页。

不能从你们的角度来看待中国的问题。"①

最后，为了适应社会主义现代化建设的需要，包括人民代表大会制度在内的党和国家领导制度都需要改革，兴利除弊，真正使人民能够充分行使当家作主的权利。

邓小平在坚决维护我国现行的包括人民代表大会制度在内的党和国家根本领导制度的同时，也毫不含糊地提出要坚决改革某些具体制度的弊端。他指出：我们这个国家有几千年封建社会的历史，缺乏社会主义的民主和法制。国民党旧中国留给我们的，封建专制传统比较多，民主法制传统很少。新中国成立以后，我们也没有自觉地、系统地建立保障人民民主权利的各项制度，法制很不完备，也很不受重视，特权现象有时受到限制、批评和打击，有时又重新滋长。这说明我们的民主制度还有不完善的地方。改革就是要使党和国家的政治制度"更加完备、周密、准确，能够切实保证人民真正享有管理国家各级组织和各项企业事业的权力，享有充分的公民权利"②，这包括"要改善人民代表大会制度"③，"要制定一系列的法律、法令和条例，使民主制度化、法律化"④。

（三）关于中国特色社会主义制度体系的基本政治制度之一——中国共产党领导的多党合作和政治协商制度思想。按照胡锦涛七一讲话和党的十八大报告对中国特色社会主义制度体系的界定，讲基本政治制度，首先就是中国共产党领导的多党合作和政治协商制度。这是中国共产党执政后实行人民民主的一个重要形式。

---

① 《邓小平文选》第三卷，人民出版社，1993，第 244 页。
② 《邓小平文选》第二卷，人民出版社，1994，第 339 页。
③ 《邓小平文选》第二卷，人民出版社，1994，第 339 页。
④ 《邓小平文选》第二卷，人民出版社，1994，第 359 页。

中国共产党领导的多党合作和政治协商制度，作为中国特色社会主义制度体系的基本政治制度来认识，尽管是近两年的理论概括，但这个基本政治制度在中国共产党成为全国范围的执政党后就实行了。那时，它主要体现在坚持和发展中国革命胜利的三大法宝之一的统一战线组织的各级人民政治协商会议之中。因而作为统一战线组织的各级人民政协机构，就是那个历史时期中国共产党领导的多党合作和政治协商制度的主要载体。

邓小平那时虽然没有在作为中国共产党领导的多党合作和政治协商制度的最高组织机构全国人民政治协商会议担任主要领导职务，但在 1956 年党的八大当选为中共中央总书记后，非常重视统一战线这个法宝，十分关注全国和地方人民政协工作。在改革开放新时期，他是首任全国政协主席。作为改革开放和社会主义现代化建设的总设计师，他无论在领导政协工作期间，还是不担任政协领导后，都非常重视坚持和发展中国共产党领导的多党合作和政治协商制度。据有关方面考察，这个制度的称谓就是邓小平提出的。他在 1987 年 6 月会见外宾时说："讲党派，我们也有好多个民主党派，都接受共产党的领导，实行中国共产党领导的多党合作、政治协商制度。"[1]

对于中国共产党领导的多党合作和政治协商制度涉及的统一战线和民主党派问题，邓小平还强调了三点：

第一，对作为中国共产党领导的多党合作和政治协商制度主要体现形式的统一战线，将其性质、对象和范围作了新的规定。邓小平阐述了两个重要思想：一是认为我国的统一战线在社会主义和爱国主义基础上更加巩固和发展。他指出我国社会阶级状况已发生巨大变化，我国的统一战线已成为工人阶级领导的、工农联盟为基础的全体社会

---

[1] 《邓小平文选》第三卷，人民出版社，1993，第 242 页。

主义劳动者、拥护社会主义的爱国者和拥护祖国统一的爱国者的联盟。这是把一切能够联合的都联合起来。"统一战线的性质，叫革命的爱国的统一战线，就是社会主义劳动者和爱国者的联盟。"① 二是认为我国的统一战线实际上包括两个范围的联盟。一个是大陆范围内，以爱国主义和社会主义为政治基础的团结全体劳动者和爱国者的联盟；一个是大陆范围外，以爱国和祖国统一为政治基础的团结台湾同胞、港澳同胞和国外侨胞的联盟。在这两个联盟间，第一个范围的联盟是主体，只有主体巩固和发展了，第二个范围的联盟才能巩固和扩大，整个统一战线才能巩固和发展。现在的统一战线的范围比过去任何时候都更加扩大，"是最广泛的爱国统一战线"②。目前，我国的统一战线已成为中国共产党历史上最广泛的爱国统一战线。

第二，将各民主党派和工商联看作是为社会主义服务的重要政治力量。由于在民主革命斗争中，中国共产党和各民主党派长期共同反对国民党反动派独裁统治，因此在新中国成立后形成的中国共产党领导的多党合作和政治协商制度，成为中国政治制度的一个突出的特点和优点。新中国成立初期，各民主党派和工商联在接受社会主义改造，参加社会主义建设和反对国内外敌对势力的斗争中作出了重要贡献。后来在"左"的错误思想指导下，他们的很多成员遭到过迫害，但绝大多数成员仍然坚信中国共产党的领导，没有动摇走社会主义道路的决心。党的十一届三中全会后，邓小平对于各民主党派和工商联走过的历史道路和政治表现表示敬意，称为"我们党的亲密朋友"③。

---

① 《邓小平论统一战线》，中央文献出版社，1991，第158—159页。
② 《邓小平论统一战线》，中央文献出版社，1991，第250页。
③ 《邓小平论统一战线》，中央文献出版社，1991，第163页。

对于各民主党派和工商联的政治作用，邓小平也强调了两个重要观点。一是强调他们在改革开放和社会主义现代化建设新时期仍然有重要地位。他说："现在，各民主党派和工商联已经成为各自联系的一部分社会主义劳动者和拥护社会主义的爱国者的政治联盟和人民团体，成为进一步为社会主义服务的政治力量。建设和发展社会主义事业，已成为各民主党派、工商联和我们党的共同利益和共同愿望。在新的历史时期中，各民主党派和工商联仍然具有重要的地位和不容忽视的作用。"[1] 二是希望他们根据自己的特点和优势发挥三个方面的特殊作用。其一，在促进社会主义现代化建设和祖国统一事业，以及巩固和发展安定团结的政治局面方面作出新的更大贡献。其二，由于民主党派成员和所联系的人们中，有大量知识分子，不少人有较高的文化科学水平和丰富的实践经验，希望他们帮助党和政府把调动和发挥各方面知识分子积极性的工作做好。其三，热诚地希望他们以主人翁的态度，"就国家的大政方针和各方面的工作，勇敢地、负责地发表意见，提出建议和批评，做我们党的净友，共同把国家的事情办好"[2]。

第三，基于历史原因和建设中国特色社会主义伟大事业的需要，邓小平强调，一定要坚持"长期共存，互相监督"，"肝胆相照，荣辱与共"的方针。在与各民主党派、无党派民主人士的关系上，中国共产党在新中国成立后长期贯彻执行"长期共存，互相监督"方针。党的十一届三中全会后拨乱反正，也在积极纠正统一战线工作中过去"左"的错误。1982年1月，胡耀邦会见全国统战工作会议代表讲话时，首次提出要同党外朋友真正建立起"肝胆相照、荣辱与共"的关系。党的十二大报告正式提出统一战线必须坚持"长期共存，互相监

---

① 《邓小平文选》第二卷，人民出版社，1994，第204页。
② 《邓小平文选》第二卷，人民出版社，1994，第205页。

督""肝胆相照，荣辱与共"方针。是年 11 月，邓小平作为全国政协主席，在主持全国五届政协最后一次会议的讲话中指出：十一届三中全会以来，统一战线工作和人民政协工作有了很大发展，出现了生气勃勃的局面。我们的统一战线比过去任何时期都更加扩大了。今后我们一定要坚持"长期共存，互相监督""肝胆相照，荣辱与共"的方针，加强同各民主党派、无党派民主人士和一切爱国的党外朋友们的合作，共同为开创我国社会主义现代化建设新局面努力奋斗。改革开放 30 多年来，党一直坚持这个 16 字方针，中国特色社会主义事业凝聚了中华民族各方面的力量，具有最广泛的群众基础。

（四）关于中国特色社会主义制度体系的基本政治制度之二——民族区域自治制度思想。民族区域自治制度，也是在中国共产党执政后就实行了。我国是一个多民族国家，少数民族在新中国成立初期占我国总人口的 6%（经过几十年发展，现在占我国总人口的 8%），呈现大杂居、小聚居的特点，汉族和少数民族之间、几个少数民族之间往往互相杂居或交错聚居，因而在具有临时宪法性质的《共同纲领》中就明确了在各少数民族聚居地区实行民族区域自治制度。邓小平在新中国成立初期主政大西南时，就非常重视这个问题。他强调"应该把少数民族工作摆在很高的位置"[1]，"实行民族区域自治，不把经济搞好，那个自治就是空的"[2]。

改革开放以后，邓小平作为第二代中央领导核心，更是非常重视这个问题。他对外宾介绍情况时说："解决民族问题，中国采取的不是民族共和国联邦的制度，而是民族区域自治的制度。我们认为这个制度比较好，适合中国的情况。"[3] "我们的民族政策是正确的，是真正

① 《邓小平文选》第一卷，人民出版社，1994，第 161 页。

② 《邓小平文选》第一卷，人民出版社，1994，第 167 页。

③ 《邓小平文选》第三卷，人民出版社，1993，第 257 页。

的民族平等。我们十分注意照顾少数民族的利益。"① 他对于西藏的发展特别关注，向美国前总统卡特介绍说：我们国家没有民族歧视，"对西藏的政策是真正立足于民族平等……中央决定，其他省市要分工负责帮助西藏搞一些建设项目，而且要作为一个长期的任务"②。

改革开放 30 多年来，党和国家不断完善关于民族区域自治制度，全面贯彻落实党的民族政策，深入开展民族团结进步教育，社会主义团结友爱、互助合作的新型民族关系得到进一步发展，民族地区改革发展稳定的良好局面不断向前推进。从 1999 年 3 月正式提出"西部大开发"战略以来，为了加速少数民族地区经济文化建设，国家除了在资金、物资方面进行支援外，还专门组织内地工业比较发达、科学技术比较先进的省市，对口支援少数民族地区。特别是在汶川大地震后更是加大了对口支援力度，全国支援西藏，不少省市支援新疆、甘肃、青海、宁夏、云南、贵州、广西等地，使这些民族地区有了跨越式的发展进步，有的地区的发展水平甚至提前了 20 年。在当代世界民族纠纷此起彼伏、愈演愈烈之际，我国的民族关系在总体上是稳定的，少数民族分裂主义分子制造的破坏事件丝毫动摇不了民族区域自治制度。正是坚定实施这个正确的制度，我国少数民族地区才有世界各国民族国家惊羡的独一无二的巨大发展进步。

（五）关于中国特色社会主义制度体系的基本政治制度之三——基层群众自治制度思想。将"基层群众自治制度"提升为政治民主制度加以明确，虽然始于党的十七大，但基层群众自治制度思想却在改革开放新时期以来，就在不断地努力宣传和实施。自党的十二大开始，党的历次全国代表大会都对发展基层民主提出了具体要求，使广大人

① 《邓小平文选》第三卷，人民出版社，1993，第 362 页。
② 《邓小平文选》第三卷，人民出版社，1993，第 246 页。

民群众在所居住的社会基层区域进行自我管理、自我教育、自我服务的基层群众自治制度努力健全和完善起来。

邓小平十分重视加强基层民主制度建设。在《解放思想，实事求是，团结一致向前看》报告中，他提出扩大厂矿企业和生产队的自主权，使每一个工厂和生产队能够千方百计地发挥主动创造精神，是最迫切的任务。"要切实保障工人农民个人的民主权利，包括民主选举、民主管理和民主监督。不但应该使每个车间主任、生产队长对生产负责任、想办法，而且一定要使每个工人农民都对生产负责任、想办法。"① 党的十一届三中全会后，邓小平更加重视加强基层民主制度建设，以保证人民群众的民主权利。1987 年 3 月，他在接见外宾时指出："要使人民有更多的民主权利，特别是要给基层、企业、乡村中的农民和其他居民以更多的自主权。"② 同年夏天，他在谈到我国农村改革时指出："调动积极性，权力下放是最主要的内容。我们农村改革之所以见效，就是因为给农民更多的自主权，调动了农民的积极性。现在我们把这个经验应用到各行各业，调动各方面的积极性。"③ "把权力下放给基层和人民，在农村就是下放给农民，这就是最大的民主。我们讲社会主义民主，这就是一个重要内容。"④

根据邓小平的这些思想和改革开放实践发展的需要，我国在 20 世纪 80 年代先后颁布《村民委员会组织法》和《城市居民委员会组织法》，明确规定了村（居）民委员会的主要职权，包括对政府部门的建议、监督权，管理本村（居）民委员会的财产权，特别是还有依法由居（村）民直接行使的自己决定、自己办理的自治民主权利。此外，

①　《邓小平文选》第二卷，人民出版社，1994，第 146 页。
②　《邓小平文选》第三卷，人民出版社，1993，第 210 页。
③　《邓小平文选》第三卷，人民出版社，1993，第 242 页。
④　《邓小平文选》第三卷，人民出版社，1993，第 252 页。

还颁布《全民所有制工业企业职工代表大会条例》和《全民所有制工业企业法》，明确了职工代表大会是企业实行民主管理的基本形式和职工行使民主管理权力的机构。这两个法规对职工代表大会主要职权的确定，推动了职工代表大会制度的法制化、制度化建设，使企业民主管理的水平不断提高。实践证明，不断建立和发展的基层群众自治制度极具中国特色。它对于调动广大基层群众的积极性，培养他们的民主意识和民主习惯，密切政府同人民群众的联系，起了不可替代的重要作用。

党的十八大对完善基层民主制度作了进一步规定，也提出了更高要求。党的十八大报告指出："在城乡社区治理、基层公共事务和公益事业中实行群众自我管理、自我服务、自我教育、自我监督，是人民依法直接行使民主权利的重要方式。要健全基层党组织领导的充满活力的基层群众自治机制，以扩大有序参与、推进信息公开、加强议事协商、强化权力监督为重点，拓宽范围和途径，丰富内容和形式，保障人民享有更多更切实的民主权利。"随着中国特色社会主义事业不断发展，基层群众自治制度必将更加健全和完善，并发挥更大作用。

（六）关于中国特色社会主义制度体系的重要内容——中国特色社会主义法律体系思想。中国特色社会主义法律体系，是中国特色社会主义制度体系的又一个重要内容。明确宣布中国特色社会主义法律体系已经建成，虽然是在 2011 年 3 月党的十一届全国人大四次会议，但是要建设中国特色社会主义法律体系的任务却在 20 世纪 80 年代前期已经提出。

邓小平在改革开放伊始就讲过：我们好多年实际上没有可遵循的法制，为了实现四个现代化，必须发扬社会主义民主和加强社会主义法制。现在的法律很不完备，要制定一系列的法律。首先应该集中力量制定刑法、民法、诉讼法和其他各种必要的法律，例如工厂法、森林法、草原法、环境保护法、劳动法、外国人投资法等等。"我们的法律是太少了，成百个法律总要有的，这方面有很多工作要做，现在只是开端。"① 这说明我们的民主制度还不完善，一定"要制定一系列的法律、法令和条例，使民主制度化、法律化"②。根据改革开放的实践需要，也包括贯彻邓小平的这些指示，1982 年 12 月全国人大常委会提出：从我国的实际情况出发，按照社会主义法制原则，逐步建立有中国特色的独立的法律体系。

邓小平对建立法律体系工作非常重视。在 1992 年发表的南方谈话中，他还强调法制建设"搞法制靠得住些"，用法制来保护和促进经济发展。此后，立法工作加快了进度。1993 年 3 月八届全国人大一次会议提出，要力争在本届全国人大任期内，初步形成社会主义市场经济法律体系，推动和保障社会主义市场经济的发展。1997 年 9 月，江泽民在党的十五大明确表示，到 2010 年形成中国特色社会主义法律体系的立法工作目标。2007 年 10 月，胡锦涛在党的十七大报告中说："中国特色社会主义法律体系基本形成。"2011 年 3 月十一届全国人大四次会议宣布，一个立足中国国情和实际、适应改革开放和社会主义现代化建设需要、集中体现党和人民意志的，由法律、行政法规、地方性法规等多个层次的法律规范构成的中国特色社会主义法律体系已经形成。

经过 30 多年的努力，中国特色社会主义法律体系以宪法为核心，以法律为主干，由在宪法统领下的宪法相关法、民法商法、行政法、经济法、社会法、刑法、诉讼与非诉讼程序法等七个部分，包括法律、

---

① 《邓小平文选》第二卷，人民出版社，1994，第 189 页。
② 《邓小平文选》第二卷，人民出版社，1994，第 359 页。

行政法规、地方性法规三个层次构成①。这个法律体系总结和确认了改革开放以来的最新成果，为全面落实依法治国方略、推动我国改革开放伟大事业、构建社会主义和谐社会、实现全面建设小康社会的宏伟目标奠定了坚实的法律基础。至此，国家的经济建设、政治建设、文化建设、社会建设以及生态文明建设总体上都能实现有法可依、有章可循。当然，说中国特色社会主义法律体系已经形成，并不是说不需要制定新的法律，已经有的法律不需要修改。而是它同中国特色社会主义理论体系一样，也是一个开放的法律体系，需要与时俱进，不断增补修订和完善。就目前已经形成的中国特色社会主义法律体系而言，也完全可以说，它是中国特色社会主义创新实践的法制体现，是中国特色社会主义兴旺发达的法制保障和永葆本色的法制根基；邓小

---

① 这七个部分具体内容是：（一）宪法及宪法相关法。宪法是国家的根本法。宪法相关法是与宪法配套、直接保障宪法实施的宪法性法律规范的总和，包括《全国人民代表大会组织法》《民族区域自治法》《香港特别行政区基本法》《澳门特别行政区基本法》《立法法》《全国人民代表大会和地方各级人民代表大会选举法》《全国人民代表大会和地方各级人民代表大会代表法》《国旗法》《国徽法》等。（二）民法商法。我国目前尚无一部较完整的民法典，而是以《民法通则》为基本法律，辅之以其他单行民事法律，包括《物权法》《合同法》《担保法》《拍卖法》《商标法》《专利法》《著作权法》《婚姻法》《继承法》《收养法》等。我国商法主要有《公司法》《保险法》《票据法》《证券法》等。（三）行政法。首先是一般行政法，它是指有关行政主体、行政行为、行政程序、行政责任等一般规定的法律法规，如《公务员法》《行政处罚法》《行政复议法》。还有特别行政法，它是指适用于各专门行政职能部门管理活动的法律法规，包括国防、外交、人事、民政、公安、国家安全、民族、宗教、侨务、教育、科学技术、文化、体育、医药卫生、城市建设、环境保护等行政管理方面的法律法规。（四）经济法。这是创造平等竞争环境、维护市场秩序方面的法律。我国现已制定《反不正当竞争法》《消费者权益保护法》《产品质量法》《广告法》等。此外，还有国家宏观调控和经济管理方面的法律。我国现已制定《预算法》《审计法》《会计法》《中国人民银行法》《价格法》《税收征收管理法》《个人所得税法》《城市房地产管理法》《土地管理法》等。（五）社会法。包括《劳动法》《劳动合同法》《工会法》《未成年人保护法》《老年人权益保障法》《妇女权益保障法》《残疾人保障法》《矿山安全法》《红十字会法》《公益事业捐赠法》等。（六）刑法。首先是1997年3月修订后的《刑法》，还包括此后的刑法修正案以及全国人民代表大会常务委员会制定的有关惩治犯罪的决定等。（七）诉讼与非诉讼程序法。主要有《刑事诉讼法》《民事诉讼法》《行政诉讼法》《海事诉讼特别程序法》《仲裁法》等。

平是建设中国特色社会主义法律体系的初始倡导者和重要推动者。

（七）关于中国特色社会主义制度体系的基本经济制度——以公有制为主体、多种所有制经济共同发展的基本经济制度思想。关于以公有制为主体、多种所有制经济共同发展的基本经济制度，作为基本经济制度是在党的十五大首次提出的。这时邓小平已经逝世了。他不可能提出"基本经济制度"这个概念，但是，"以公有制为主体、多种所有制经济共同发展"的思想却是他首先倡导的。从某种意义上也可以说，邓小平是这个"基本经济制度"的首次提出者。

当然，邓小平的这个思想有一个发展过程，并且是从三个方面聚集能量会合形成的。

第一是提出解放思想，反对僵化，解决思想路线和思想方法这个总开关问题。《解放思想，实事求是，团结一致向前看》这篇报告，吹响了解放思想的号角。一年半后，他就提出："不解放思想不行，甚至于包括什么叫社会主义这个问题也要解放思想。经济长期处于停滞状态总不能叫社会主义。人民生活长期停止在很低的水平总不能叫社会主义。"[①] 既然对于什么叫社会主义都要解放思想，那么怎样建设社会主义的方针政策也需要重新考虑。对这个根本问题，开窍了，其他问题好解决。

第二是提出一些搞活经济的大政策，实际上是怎样建设社会主义的新方针。比如在生产管理上将所有权与管理权分开，农村允许实行家庭联产承包责任制，企业下放自主权等；在分配收入上，允许一部分地区、一部分人先富起来；为解决社会就业问题，允许发展个体经济；对外开放，允许外国资本进入，办合资企业和外资企业等等。这些政策的实施，初步形成以公有制为主体、多种所有制经济共同发展

---

① 《邓小平文选》第二卷，人民出版社，1994，第 312 页。

的格局。20 世纪 80 年代中期，邓小平指出："我们采取的所有开放、搞活、改革等方面的政策，目的都是为了发展社会主义经济。我们允许个体经济发展，还允许中外合资经营和外资独营的企业发展，但是始终以社会主义公有制为主体。"① 在讲到什么是中国特色社会主义道路时，他还说："我国是以社会主义经济为主体的。社会主义的经济基础很大，吸收几百亿、上千亿外资，冲击不了这个基础。吸收外国资金肯定可以作为我国社会主义建设的重要补充，今天看来可以说是不可缺少的补充。""如果说构想，这就是我们的构想。""总的来说，这条道路叫做建设有中国特色的社会主义的道路。"②

第三是提出社会主义可以搞市场经济这一根本性改革，为以公有制为主体、多种所有制经济共同发展的基本经济制度奠定了历史性基础。邓小平从 1979 年开始就在思索社会主义能否搞市场经济的问题，到 1992 年南方谈话，前后谈论了 12 次之多。由于市场对资源配置起基础性乃至决定性作用，势必导致经济成分多元化，从而出现多种所有制经济。他在 1986 年 9 月指出："我们的制度是以公有制为主体的，还有其他经济成分。"③ 南方谈话对党的十四大确立社会主义市场经济体制的根本性改革起了决定性作用。党的十四大以后，开始提出"坚持公有制为主体，多种经济成分共同发展"的方针。到党的十五大就将"方针"上升到"制度"层面，第一次提出："公有制为主体、多种所有制经济共同发展，是我国社会主义初级阶段的一项基本经济制度。"这是对传统讲的社会主义所有制理论的重大突破。

经过 10 多年的实践发展，公有制为主体、多种所有制经济共同发展的基本经济制度的内涵在不断丰富和完善，对它的地位和作用的认

---

① 《邓小平文选》第三卷，人民出版社，1993，第 110 页。
② 《邓小平文选》第三卷，人民出版社，1993，第 65 页。
③ 《邓小平文选》第三卷，人民出版社，1993，第 172 页。

识也在进一步提高。到 2011 年胡锦涛七一讲话，这个制度首次明确为中国特色社会主义制度的重要内容。2013 年 11 月，党的十八届三中全会通过的《中共中央关于全面深化改革若干重大问题的决定》进一步指出："公有制为主体、多种所有制经济共同发展的基本经济制度，是中国特色社会主义制度的重要支柱，也是社会主义市场经济体制的根基。公有制经济和非公有制经济都是社会主义市场经济的重要组成部分，都是我国经济社会发展的重要基础。必须毫不动摇巩固和发展公有制经济，坚持公有制主体地位，发挥国有经济主导作用，不断增强国有经济活力、控制力、影响力。必须毫不动摇鼓励、支持、引导非公有制经济发展，激发非公有制经济活力和创造力。"这是对我国目前关于公有制为主体、多种所有制经济共同发展的基本经济制度的主要内涵、历史地位和发展要求的最全面、最准确的论述。

中国特色社会主义制度，除了上述根本制度和基本制度等外，还有许多具体制度。作为一个制度体系，它的内涵非常丰富。邓小平关于中国特色社会主义制度的重要思想，必将推动它继续发展和走向完善。

三、习近平对于中国特色社会主义制度的贡献

党的十八届三中全会审议通过《中共中央关于全面深化改革若干重大问题的决定》（简称《决定》）。《决定》首次提出：全面深化改革的总目标是完善和发展中国特色社会主义制度，推进国家治理体系和治理能力现代化。这是在中国特色社会主义制度问题提出后，第一个关于完善和发展中国特色社会主义制度的文件，并且将此归结为"全面深化改革的总目标"，这是罕见的。从这个意义上说，党的十八届三中全会审议通过的《中共中央关于全面深化改革若干重大问题的决

定》，说白了就是如何完善和发展中国特色社会主义制度的决定，是通过完善和发展中国特色社会主义制度，推进国家治理体系和治理能力现代化，努力实现中华民族伟大复兴的中国梦的决定。

为什么党的十八届三中全会要作这个决定，并且这样突出"完善和发展中国特色社会主义制度"呢？一个重要考虑是因为邓小平在南方谈话中谈及我国未来发展战略目标时说过："恐怕再有三十年的时间，我们才会在各方面形成一整套更加成熟、更加定型的制度。在这个制度下的方针、政策，也将更加定型化。"① 那时讲的"再有三十年"，即建党百年之际。因此，党的十五大最早规划"两个一百年"的奋斗目标时，提出"到建党一百年时，使国民经济更加发展，各项制度更加完善"。所谓使各项制度更加完善，用邓小平的话说就是"形成一整套更加成熟、更加定型的制度"，在实质上不就是十八届三中全会《决定》讲的"完善和发展中国特色社会主义制度"吗？到建党百年的时间不多了，因此要作这个《决定》来落实邓小平在南方谈话中谈及的我国未来发展战略目标。根据党的十五大最早规划的"两个一百年"，也可以这样来解读建党百年的奋斗目标，即在经济社会发展上全面建成小康社会，在民主政治建设上"完善和发展中国特色社会主义制度"。党的十八届三中全会的《决定》，说到底就是为了实现建党百年的上述两方面目标而制定。

怎样完善和发展中国特色社会主义制度？党的十八届三中全会《决定》讲的"全面深化改革的总目标是完善和发展中国特色社会主义制度，推进国家治理体系和治理能力现代化"。从某种意义上说也可以将推进国家治理体系和治理能力现代化解读为完善和发展中国特色社会主义制度的切入点。习近平在今年（2014年）2月举办的省部级主

---

① 《邓小平文选》第三卷，人民出版社，1993，第372页。

要领导干部学习贯彻十八届三中全会精神全面深化改革专题研讨班讲话指出："今天，摆在我们面前的一项重大历史任务，就是推动中国特色社会主义制度更加成熟更加定型，为党和国家事业发展、为人民幸福安康、为社会和谐稳定、为国家长治久安提供一整套更完备、更稳定、更管用的制度体系。"这项工程极为宏大，必须是全面的系统的改革和改进，是各领域改革和改进的联动和集成，在国家治理体系和治理能力现代化上形成总体效应、取得总体效果。什么是国家治理体系和治理能力现代化呢？习近平指出："国家治理体系和治理能力，是一个国家的制度和制度执行能力的集中体现，两者相辅相成。"具体来说，就是适应国家现代化总进程，提高党科学执政、民主执政、依法执政的水平，提高国家机构履职能力，提高人民群众依法管理国家事务、经济社会文化事务、自身事务的能力，实现党、国家、社会各项事务治理制度化、规范化、程序化，不断提高运用中国特色社会主义制度有效治理国家的能力。在我看来，通过推进国家治理体系和治理能力现代化，来实现中国特色社会主义制度更加成熟，更加定型，是推进我国民主政治建设的一个具有重大战略意义的新思维，既顺应了我国社会主义现代化事业的总进程，也是深入进行政治体制改革的重要理论创新，把中国特色社会主义道路、理论和制度的发展都推向了新的境界，对于实现中华民族伟大复兴的中国梦会产生深远影响。

邓小平反复强调，有中国特色的社会主义制度是不会变的，这是中国发展进步的制度基础。要变，只会越变越好。既然如此，只要始终坚持和发展中国特色社会主义制度，那么邓小平关于中国特色社会主义制度的重要思想，必将为实现中华民族伟大复兴奠定根本制度的历史基础。

"伟大的试验"：改革开放新时期[①]

——从马克思主义中国化的视角来看

1978 年底党的十一届三中全会实现的伟大转折，标志着中国共产党重新奋起，带领中国人民进行改革开放和现代化建设的新的伟大革命，我们国家从此进入一个新的历史时期。这是党的历史发展的第三个大的阶段。从党的十一届三中全会至今（2006 年）也有 28 年。这 28 年的历史进程可以分为若干小的阶段。对此，党史界有不同分法，作为学术问题可以继续研讨。由于历史还在发展，即使是得到认同的分期也是可以调整和变动的。

一、"两大四小"的历史分期

根据这段历史发展到现在的情况，我有一个初步想法，能否将这 28 年的历史分为"两大四小"阶段。所谓"两大"，即将 28 年一分为二，以 1992 年邓小平南方谈话和党的十四大为界限，前 14 年为一个

---

① 从 2004 年秋天起，作者与龚育之同志作为首席专家，主持马克思主义理论研究和建设工程重点课题"马克思主义中国化的历史进程和基本经验"的研究。这是作者根据课题组讨论的思想写成的文章。2006 年 6 月中旬中共北京市委宣传部和北京市邓小平理论和"三个代表"重要思想研究中心在北京举办"马克思主义中国化论坛"。在 6 月 17 日的大会上，作者就该文件作了重点发言。全文发表于《中国井冈山干部学院学报》2006 年第 2 卷第 2 期。这是该文的一部分。收入本集时作者作了部分改动，补充了科学发展观段。

阶段，即"拨乱反正，全面改革"阶段；后 14 年为一个阶段，即"加快发展，全面建设小康社会"阶段。为什么要以邓小平的南方谈话和党的十四大作为划分两段历史的界限呢？因为在 20 世纪 80 年代末 90 年代初，我们国家又面临一个重要历史关头，邓小平的南方谈话和党的十四大排除干扰，牢牢地把握住航舵，决定我们国家的改革朝着建立社会主义市场经济体制的方向前进。这是决定中国命运的抉择，从此中国的发展犹如进入了高速公路的快车道。否则，中国的发展不可能有今天——到 2005 年，国内生产总值达到 18.2 万多亿元，跃居世界第 4 位。因此，应当凸显邓小平的南方谈话和党的十四大的历史作用。

所谓"四小"阶段，即上述两个阶段的前 14 年和后 14 年各自又可一分为二，这样就成为四个小的阶段，即①从十一届三中全会至 1982 年党的十二大前，这 4 年可视为"拨乱反正，改革起步"阶段，实现了党的工作重心"从以阶级斗争为纲转到以发展生产力为中心，从封闭转到开放，从固守成规转到各方面的改革"，初步开辟"建设有中国特色社会主义的全新的事业"[1]。②从党的十二大至 1992 年邓小平的南方谈话和党的十四大前，这 10 年可视为"全面改革，治理整顿"阶段。在前 5 年，改革从农村发展到城市，从对内搞活发展到对外开放；在后 5 年，着重治理整顿、协调发展，为经济和社会沿着健康方向前进夯实基础。③从邓小平的南方谈话和党的十四大到两个世纪之交的 7 年，可视为"深化改革，加快发展"阶段，明确了改革的目标，强调正确处理改革、发展和稳定的关系，加快向社会主义市场经济体制转变。④从 2000 年至今（2006 年），我们国家进入全面建设小康社会、加快推进社会主义现代化建设的新的发展阶段。这个划分，

---

① 《邓小平文选》第三卷，人民出版社，1993，第 269 页。

不是单纯地按照党的会议，而是既考虑党的会议确定的任务，又考虑历史发展的实际状况来综合把握。每一小阶段的称谓，基本上参照党的历史文献的说法，但有个别调整。就算一家之言吧！

二、改革开放以来马克思主义中国化的 28 年

马克思主义中国化的理念是具体的、历史的、发展的。党在领导进行改革开放和现代化建设的新的伟大革命时，对马克思主义中国化的理念开始更加强烈地注入"当代化"元素。作为这场伟大革命的总设计师，邓小平的指导思想一直很明确，一方面反复强调："我们搞改革开放，把工作重心放在经济建设上，没有丢马克思，没有丢列宁，没有丢毛泽东。老祖宗不能丢啊！"[①] 另一方面不断指出："世界形势日新月异，特别是现代科学技术发展很快。现在的一年抵得上过去古老社会几十年、上百年甚至更长的时间。不以新的思想、观点去继承、发展马克思主义，不是真正的马克思主义者。"[②] 邓小平这种鲜明的世界眼光，开辟了马克思主义中国化的新境界，将"当代化"元素注入了马克思主义。为了使这场新的伟大革命在融入经济和科技发展的全球化大潮中健康运行，邓小平还逐渐形成了领导这场新的伟大革命的步骤和方法的哲学之道，强调我们进行的改革开放是前人没有做过的天翻地覆的事业，是"伟大的试验"，有很大的风险，采取的方针是"胆子要大，步子要稳"；既要敢闯新路，又要努力求是；小错误难免，但要避免犯大错误。在这个伟大革命的过程中，党自始至终注重以多种视角，从多个侧面，不断总结建设社会主义的历史的和新鲜的、中

①《邓小平文选》第三卷，人民出版社，1993，第 369 页。
②《邓小平文选》第三卷，人民出版社，1993，第 291—292 页。

国的和外国的、成功的和失败的经验教训，来实现马克思主义同中国实践和时代特征相结合的第二次历史性飞跃。这个飞跃还在继续，直至目前已获得一个实践成果、两个理论成果。无论实践成果，还是理论成果，都包括"民族化"和"当代化"两个内涵。

三、实践成果：中国特色社会主义道路

所谓实践成果，即探索出了一条中国特色的社会主义道路。这条道路是逐渐明确和完善起来的。一是 1981 年的《决议》，通过总结新中国成立 30 年来建设社会主义的历史经验，对党的十一届三中全会以来的路线、方针、政策作了初步概括，指出我们党已在逐步确立一条适合我国情况的社会主义现代化建设的正确道路。二是 1982 年党的十二大，邓小平强调我们的现代化建设必须从中国的实际出发，同时要注意学习和借鉴外国经验，提出"走自己的道路，建设有中国特色的社会主义"的任务，使我们党探索的道路有了非常切题的称谓。自此以后，建设有中国特色的社会主义成为凝聚全国人民的共同理想和强大动力。三是 1984 年党的十二届三中全会通过的《中共中央关于经济体制改革的决定》，鉴于世界经济发展的历史经验，突破了把计划经济同商品经济相对立的传统观念，为建设有中国特色的社会主义道路提供新的理论指导，使这条道路越走越宽广。四是 1987 年党的十三大明确指出："在总结建国三十多年来正反两方面经验的基础上，在研究国际经验和世界形势的基础上，开始找到一条建设有中国特色的社会主义的道路。"[①] 同时，还对党在社会主义初级阶段的基本路线作了比较完整的概括和阐发，从而明确了建设有中国特色的社会主义道路的主

---

① 《十三大以来重要文献选编》上册，人民出版社，1991，第 56 页。

体内涵。五是 1997 年党的十五大立足于和平与发展已成为当今时代的主题，进一步总结党建设有中国特色社会主义的经济、政治和文化的经验，对什么是社会主义初级阶段有中国特色社会主义的经济、政治和文化，怎样建设这样的经济、政治和文化作了深刻论述，明确了建设有中国特色社会主义的经济、政治和文化的基本目标和基本政策，形成党在社会主义初级阶段的基本纲领。这个纲领是党的基本路线在经济、政治和文化等方面的展开，从而丰富了建设中国特色社会主义道路的内容。六是 2002 年党的十六大面对世界多极化和经济全球化的新趋势，又总结了党领导人民建设中国特色社会主义必须坚持的基本经验。至此，建设中国特色社会主义道路的方向和内涵更加明确，党领导人民坚持这条道路去实现全面建设小康社会的宏伟目标更加充满信心。

四、理论成果：邓小平理论、"三个代表"重要思想和科学发展观

所谓理论成果，首先是邓小平理论。邓小平理论的创立基本上与概括建设中国特色社会主义道路的内涵是同步的。这是对历史经验和新鲜经验从不同层面作的概括。1981 年的《决议》，初步概括的适合我国情况的社会主义现代化建设道路的基本点，可视为邓小平理论的雏形。邓小平在党的十二大提出的"建设有中国特色的社会主义"的概念，为后来概括邓小平理论明确了主题。据此，党的十三大首次提出"建设有中国特色的社会主义理论"，并从我国建设社会主义的阶段、任务、动力、条件、布局和国际环境等方面，对实践中形成和发展的一系列理论观点作了归纳，使这个理论有比较清晰的轮廓。对邓小平理论的最后形成起决定性作用的，是邓小平的南方谈话和党的十四大。邓小平的南方谈话既回答了困扰和束缚人们思想的许多疑虑，

又提出了许多重大理论和政策问题，以新的观点和论述丰富和发展了"建设有中国特色社会主义的理论"。南方谈话既是邓小平思想之集大成，又标志着邓小平的思想发展到一个新高度。党的十四大以南方谈话为基础，对"建设有中国特色社会主义的理论"的形成条件、基本内容和伟大意义作了展开论述，使这个理论形成规范化体系。并且，还在这个理论名称前面冠以主体称谓，正式表述为"邓小平同志建设有中国特色社会主义的理论"。党的十四大首次确立了这个理论在全党的指导地位，高度评价这个理论第一次比较系统地初步回答了中国这样经济文化落后的国家如何建设、巩固和发展社会主义的一系列根本问题，是毛泽东思想的继承和发展，是当代中国的马克思主义。经过党的十三大、十四大对邓小平的思想理论概括之后，从 1993 年底开始，《邓小平文选》第三卷和增补过的第二卷相继出版，全党和全国人民对邓小平思想理论的认识更加深刻。

有了这样深厚的群众基础，1997 年 9 月党的十五大首次使用"邓小平理论"这个科学称谓，正式确立邓小平理论为党的指导思想，并且对邓小平理论的历史地位、指导意义、科学体系和时代精神作了新的阐述。党的十五大强调：作为马克思主义与当代中国实践和时代特征相结合的邓小平理论是在和平与发展成为时代主题的历史条件下，在我国改革开放和现代化建设的实践中，在总结我国社会主义胜利和挫折的历史经验并借鉴其他社会主义国家兴衰成败历史经验的基础上，逐步形成和发展起来的。"它是贯通哲学、政治经济学、科学社会主义等领域，涵盖经济、政治、科技、教育、文化、民族、军事、外交、统一战线、党的建设等方面比较完备的科学体系。"党的十五大报告还提出：邓小平理论"坚持科学社会主义理论和实践的基本成果，抓住'什么是社会主义、怎样建设社会主义'这个根本问题，深刻地揭示社会主义的本质，把对社会主义的认识提高到新的科学水平"，"是马克思主义在中国发展的新阶段"。在当代中国，只有邓小平理论，"而没有别的理论能够解决社会主义的前途和命运问题"。这样，全党对邓小平理论的认识进入一个新境界——它将科学社会主义理论由原创形态发展为当代形态，是马克思主义的新社会主义观。

马克思主义中国化的又一个理论成果，是"三个代表"重要思想。以江泽民同志为核心的第三代中央领导集体，同前两代中央领导集体一样，具有与时俱进、不断创新理论的不平凡品格。江泽民指出：理论创新就是要使党的基本理论不断吸取新的实践经验、新的思想而向前发展。现在面对新世纪，必须继续坚持"解放思想，实事求是的思想路线，紧跟时代发展的潮流，不断研究新情况，解决新问题，形成新认识，开辟新境界"①。

当历史进入世纪之交的 2000 年之际，当代中国和世界都发生了巨大变化。面对世纪之交的世情、国情和党情的变化，如何跟上时代的步伐，不断把中国特色社会主义事业推向前进，使社会主义中国在激烈的国际竞争中更加发展壮大，使我们党始终成为带领人民建设中国特色社会主义的领导核心，这是新一代中国共产党人必须承担的重大使命，也是必须经受的严峻考验。提出"三个代表"重要思想，就是要通过大力发展先进生产力、弘扬先进文化和加强党的建设，使我们党的执政具有更加强大的物质基础、精神基础和群众基础。"三个代表"重要思想是顺应时代前进、社会发展和全面建设小康社会，实现中华民族伟大复兴的客观需要的产物。

"三个代表"重要思想在 2000 年春天提出后，也经历了一个不断丰富和发展的过程。对其历程发生重要影响的，有这样几个关键节点：一是 2000 年 2 月江泽民的广东之行，首倡"三个代表"重要思想，提

---

① 江泽民：《论"三个代表"》，人民出版社，2001，第 46 页。

出了它的基本要求。二是同年 5 月江泽民的华东之行，论述了"三个代表"重要思想的重要意义，号召要把它贯彻到党的全部工作中去。三是在同年 10 月党的十五届五中全会上，明确提出党的各项工作都要以是否符合"三个代表"要求来衡量，"符合的就毫不动摇地坚持，不符合的就勇于实事求是地纠正"。这将它的认识提升到一个新的高度。四是 2001 年江泽民的七一讲话，对它进行了全面深刻的阐述，并针对改革开放以来我国社会状况的巨大变化，回答党的建设遇到的一系列重大理论和现实问题，提出了许多新的观点和论断。经过七一讲话的理论建构和展开论述，"三个代表"重要思想具备了初步的理论形态，开始具有理论体系。五是 2002 年的"五三一"讲话，首次指出"三个代表"重要思想同马克思列宁主义、毛泽东思想、邓小平理论一脉相承，反映当代世界和中国的发展变化对党和国家的新要求，是推进我国社会主义制度自我完善和发展的强大理论武器。这表明了"三个代表"重要思想的指导地位意向。六是 2002 年党的十六大对"三个代表"重要思想作了明确定位。经过两年多的阐发，"三个代表"重要思想的时代背景、实践基础、立论依据、科学内涵、基本要素、传脉关系、精神实质、体现途径、历史地位等问题，都得到比较充分的说明。在全党广泛认同的基础上，党的十六大将其确立为中国共产党必须长期坚持的指导思想。

怎样认识"三个代表"重要思想与马克思列宁主义、毛泽东思想、邓小平理论既一脉相承又与时俱进的关系呢？马克思主义作为一门科学是与时俱进的，具有开放性和包容性，因而是在不断发展着的理论。从中国共产党的视角看，列宁主义、毛泽东思想和邓小平理论，以及"三个代表"重要思想，是它的理论传脉。马克思和恩格斯创立的原生形态的科学社会主义理论，同其他具有发展特性的科学理论一样，也具有属于共性和个性两部分内容。所谓一脉相承，即后继理论将其共性的"基因"加以辩证吸收，使之代代相传。所谓发展，即将原生形态或前代形态理论中那些属于个性的成分，根据社会历史的变化、革命实践的发展和科学技术的进步进行改变，产生新的个性元素，与继承下来的共性的"基因"重新结合，从而形成与时俱进的新的理论。列宁主义被认为是帝国主义时代的马克思主义，可视作马克思主义俄国化的理论。从毛泽东思想开始，其后的传承都属于马克思主义中国化的理论。就中国共产党的理论发展史而言，毛泽东思想是被视为中国化的马克思主义。它比较系统地解决了什么是新民主主义革命和在中国怎样进行新民主主义革命，以及由新民主主义转变为社会主义的问题，是对马克思主义革命理论（包括革命转变理论）的伟大创新。邓小平理论被视为当代中国的马克思主义，它比较系统地解决了什么是社会主义和在中国怎样建设社会主义的问题，是对马克思主义社会主义理论形态的伟大创新。"三个代表"重要思想是对邓小平理论的丰富和发展。它的一个重要特点，是由治党及至治国的理论，对"治党治国新的宝贵经验"的科学总结。其理论建构是直接在邓小平理论的基础上，既进一步回答了什么是社会主义和怎样建设社会主义的问题，又创造性地回答了建设一个什么样的执政党和怎样建设这样的执政党的一系列重大问题，深刻地揭示了马克思主义执政党建设的规律，更鲜明地体现党的建设的时代气息，因而实现了对马克思主义的党的理论，特别是执政党建设理论的伟大创新。这是马克思主义基本原理与中国具体实际相结合的第二次历史性飞跃的继续和深入，是马克思主义中国化的新发展，是面向 21 世纪的中国化的马克思主义。

党的十六大以后，以胡锦涛同志为总书记的新一届中央领导集体，一方面在继续从理论和实践两方面向前推进邓小平理论和"三个代表"重要思想，另一方面又提出科学发展观战略思想。这个战略思想，是在 2003 年 10 月召开的党的十六届三中全会上提出的，并在 2007 年 10

月党的十七大作为我国经济社会发展的重要指导方针和发展中国特色社会主义必须坚持和贯彻的重大战略思想写入党章。

进入 21 世纪后，国内改革进入攻坚期，许多矛盾凸显。国际环境处在大变革大调整中，我国发展的外部条件复杂多变。根据我国经济和社会发展的新的要求，以胡锦涛同志为总书记的中央领导深度把握新的阶段性特征，深入总结改革开放以来特别是党的十六大以来的实践经验，并在深刻分析世界发展趋势、借鉴外国发展经验的基础上提出了科学发展观。

科学发展观，第一要义是发展，核心是以人为本，基本要求是全面协调可持续，根本方法是统筹兼顾。坚持科学发展观，首先必须把发展作为党执政兴国第一要务，着力把握发展规律，加快形成符合科学发展要求的体制机制，不断实现科学发展，为坚持和发展中国特色社会主义打下牢固基础。其次必须坚持以人为本，始终将实现好、维护好、发展好最广大人民根本利益作为党和国家一切工作的出发点和落脚点，尊重人民主体地位，保障人民各项权益，不断在实现发展成果由人民共享、促进人的全面发展上取得新成效。再次必须坚持全面协调可持续发展，包括全面落实经济建设、政治建设、文化建设、社会建设、生态文明建设的总体布局，促进现代化建设各方面相协调，建设资源节约型、环境友好型社会，实现速度和结构质量效益相统一、经济发展与人口资源环境相适应的文明发展道路。最后必须坚持统筹兼顾，正确认识和妥善处理中国特色社会主义事业中的重大关系，包括改革发展稳定、内政外交国防、治党治国治军各方面工作，统筹城乡发展、区域发展、经济社会发展、人与自然和谐发展、国内发展与对外开放，统筹各方面利益关系，努力形成人民各尽其能、各得其所而又和谐相处的局面。

科学发展观，从理论层面说，是马克思主义关于发展的世界观和方法论的集中体现，对新形势下实现什么样的发展、怎样发展等重大问题作出了新的科学回答。它进一步揭示了经济社会发展的客观规律，丰富了马克思主义理论与中国实践相结合的内容，是中国特色社会主义理论的新发展，是马克思主义中国化的新收获。因而，也是指导党和国家全部工作的强大思想武器。从实践层面看，科学发展观的提出有助于我们国家在战略机遇与矛盾凸显的关键时期，以更加宽广的世界眼光，立足科学发展，促进社会和谐，开创社会主义经济建设、政治建设、文化建设、社会建设的新局面，为全面建成小康社会打下坚实基础。

马克思主义中国化的历程波澜壮阔、绚丽斑斓。中国共产党的历史过去是马克思主义中国化的历史，今后仍然是马克思主义中国化的历史。邓小平说过："马克思主义必须是同中国实际相结合的马克思主义，社会主义必须是切合中国实际的有中国特色的社会主义。"[①] 当然，"中国实际"的内涵会愈益丰富，"结合"和"切合"的方法会与时俱进。因此，马克思主义中国化的道路会愈走愈宽广，马克思主义中国化的理论将以不断地反映鲜明的时代精神和实践要求而向前发展。

---

① 《邓小平文选》第三卷，人民出版社，1993，第 63 页。

第四篇

中国特色社会主义新时代

党的指导思想马克思主义中国化的又一次飞跃①

中国共产党勇于实践斗争、富于理论思维，是个不断创造历史、不断创新理论的马克思主义政党。近百年来，党以马克思主义为指导思想，在为实现中华民族伟大复兴的艰苦卓绝奋斗中，始终致力于将马克思主义基本理论与中国革命、建设和改革实践相结合，不断实现马克思主义中国化，创立了一个又一个伟大理论成果。但是，能称得上实现了马克思主义中国化历史性飞跃的并不多。习近平新时代中国特色社会主义思想，是目前获得越来越多共识的马克思主义中国化又一次历史性飞跃的伟大理论成果。

一、挑战不可能：马克思主义中国化的两次飞跃

为什么党的指导思想称得上实现马克思主义中国化历史性飞跃的并不多呢？因为这样的理论成果不仅要有重大理论创新，而且还要有为人们所公认的具有划时代意义的显著标志。打个比喻，中央电视台有一个收视率非常高的节目，叫《挑战不可能》。在科学发明、体育活动等项目中成功挑战不可能的较多，我们都为之惊喜和兴奋。就党的

---

① 本文是作者应邀为中共中央党校主办的"中国党政干部论坛"撰写的文章，刊登于2018年第7期。2018年10月，在该刊创刊30周年之际，本文被入选为该刊"十篇纪念性文章"，由编辑部颁发荣誉证书。

指导思想而言，有无成功挑战不可能的理论呢？如果有，那就要有它的标志性内涵。在我看来，作为党的指导思想马克思主义中国化的理论成果，如果对以往的理论而言，达到了成功挑战不可能的高度，有鲜明的标志性内涵，那么这样的马克思主义中国化理论成果就能称得上实现了历史性飞跃。

毛泽东思想和邓小平理论就达到了成功挑战不可能的高度，实现了马克思主义中国化的历史性飞跃。

我们穿越历史隧道，看毛泽东思想是怎样成功挑战不可能的。毛泽东成为中国共产党的伟大领袖不是天生的，而是在革命实践中坚持不唯书、不唯上，一切从实际情况出发的马克思主义思想路线，不断开创中国革命的新局面造就的。在20世纪20年代后期30年代前期，共产国际对中国革命具有主导性的指导思想就是搞城市工人武装起义，认为在农村搞武装斗争，开辟革命根据地不可能使中国革命取得胜利。当时的党中央根据共产国际指示奉行城市中心论，不断在城市发动武装起义。这是中央犯"左"倾错误的一个重要历史背景。毛泽东没有对共产国际指示和苏联革命经验顶礼膜拜，也没有固执中央和湖南省委决定，在领导湘赣边秋收起义攻打长沙失利后，径直率领起义队伍上井冈山，开辟了中国共产党领导的第一个农村革命根据地；随后在创建中央苏区斗争中探索出了"农村包围城市，武装夺取政权"的中国特色革命道路。这是对马克思主义革命理论的创造性发展。到了抗日战争时期，毛泽东进一步总结中国革命经验，系统地回答了什么是新民主主义革命，怎样进行新民主主义革命的领导权、动力、对象、性质和前途等一系列重大问题，构建了完整的新民主主义理论体系。它意味着我们党形成了第一个马克思主义中国化伟大理论成果——毛泽东思想。这个伟大成果就成功地挑战了共产国际一度认为在农村搞武装斗争，建立革命根据地不可能领导中国革命取得胜利的观点。它的标志性内涵就是"农村包围城市，武装夺取政权"的中国特色革命道路。党的十五大首次认定，毛泽东思想是我们党将马克思主义同中国实际相结合实现第一次历史性飞跃的理论成果。

邓小平理论同样成功地实现了挑战不可能。1978年党的十一届三中全会是党和国家历史发展的重要转折。邓小平作为党的第二代中央领导集体的核心，总结我国建设社会主义正反两方面经验，借鉴世界社会主义历史经验，在我们党面临着走什么道路，向何处去的艰难抉择时庄严宣告：走自己的道路、建设有中国特色的社会主义。但是，什么是社会主义、怎样建设社会主义，不少问题在此前并没有完全搞清楚。经过拨乱反正，我们党陆续实现了从以阶级斗争为纲到以经济建设为中心的转变，从僵化半僵化、封闭半封闭到全面改革开放的转变。但这还不是中国特色社会主义，还需要实现从计划经济到社会主义市场经济的转变。但要实现这个转变，比较困难。因为长期以来，社会主义被认为只能实行计划经济，这是不可动摇的铁律。谁主张社会主义搞市场经济，那就是资产阶级自由化，走资本主义道路。邓小平作为坚持改革开放和社会主义现代化建设的总设计师，没有被社会主义只能实行计划经济的紧箍咒束缚住，从1979年到1992年的10多年间一直思考着这个问题，最后在1992年南方谈话中明确指出，社会主义可以搞市场经济。这是对马克思主义理论的创造性发展，也是邓小平理论的根本标志。正是在社会主义可以搞市场经济这个理论指引下，我们国家走上经济社会发展快车道，越来越多的普通百姓开始富起来。也正是由于邓小平理论成功地挑战了社会主义搞市场经济的不可能，还有其他创新理论，形成了比较完整的理论体系。党的十五大将邓小平理论定位为马克思主义同中国实际相结合的第二次历史性飞跃的理论成果。

二、新时代马克思主义中国化又一次飞跃是怎样实现的

党的十八大以来，习近平提出了很多治党治国治军的新理念新思想新战略，对党和国家的发展进步都起了重要作用。但是，最具有挑战不可能意义的，并且达到了挑战不可能高度的，是全面从严治党的卓越理论和实践部署。全面从严治党，尽管是党的建设问题，但它实质上是挑战了西方发达国家鼓吹的只有实行两党制才能反腐败的所谓"普世价值"论，以及全盘西化论者散播的"反腐党亡，不反腐国亡"的谬论。曾经，这种所谓"普世价值"的谬论甚嚣尘上，广为流传。

改革开放后，不断进行的反腐败斗争尽管取得了许多阶段性成果，但难以遏制的严重腐败问题让全党和全国人民忧心忡忡。2014年10月，习近平在中共十八届四中全会第二次全体会议上的讲话中指出："党的十八大以后，我们面临的反腐败斗争形势复杂严峻，一些领域腐败现象易发多发，一些腐败分子一意孤行，仍然没有收手，甚至变本加厉。从已经查处的案件和掌握的问题线索来看，一些腐败分子胃口之大、数额之巨、时间之长、情节之恶劣，令人触目惊心！有的地方甚至出现了'塌方式腐败'！"面对这样严重的情况，2个月后，习近平明确提出"全面从严治党"。从此，形成了"四个全面"战略布局。在"四个全面"战略布局中，"全面从严治党"尽管是最后明确的，但却是起决定作用的。因为党是领导一切的，党的建设是贯穿各个领域的，只有把党管好、治好，各项工作才能做好。

以习近平同志为核心的党中央提出的"全面从严治党"战略，能够解决多少年来没有能解决的越来越严重的腐败问题吗？对此，党内外、国内外都在密切关注。习近平在中纪委十八届五次全会上的讲话中指出"开弓没有回头箭，党风廉政建设和反腐败斗争是一场输不起

的斗争，必须决战决胜"，并且对这场输不起、也绝不能输的"战争"作了周密部署，以猛药去苛、重典治乱的决心，以刮骨疗毒、壮士断腕的勇气，进行自我革命。

首先，在思想理论上创造性地提出了"坚持思想建党和制度治党紧密结合"的新理念，作为自我革命的根本指针。这个新理念是将毛泽东的"思想建党"思想和邓小平的"制度治党、治国"思想结合为一体。在思想建设中，强调用坚定理想信念炼就共产党人的"金刚不坏之身"，做到对党绝对忠诚，不忘初心、牢记使命，以身许党许国、报党报国。抓制度建设，强调把权力关进制度的笼子里，制定和健全系统完备的法规制度体系，让权力在阳光下运行。两者紧密结合，彻底纠正管党治党失之于宽、失之于松、失之于软的问题。

其次，狠抓思想作风建设，切实进行群众路线反"四风"和"三严三实"等教育，将集中教育活动和思想教育的常抓、细抓和实抓工作相结合，作为纠正不正之风，密切党和人民群众关系的常态化平台。这里一个核心环节是整顿和健全党内政治生活。习近平在党的十八届六中全会第二次全体会议上的讲话中指出：严肃党内政治生活、净化党内政治生态，是"保持先进性和纯洁性的重要法宝，是解决党内矛盾和问题的'金钥匙'，是广大党员、干部锤炼党性的'大熔炉'，是纯洁党风的'净化器'"。过去管党治党失之于宽、失之于松、失之于软，一个重要原因就在于没有严肃的党内政治生活，没有严明的纪律规矩。经过几年努力，组织涣散、纪律松弛的宽、松、软局面有了很大转变，为管党治党走向严、紧、硬奠定了基础。

再次，以雷霆万钧之势开展反腐败斗争，标本兼治，坚持"打虎""拍蝇""猎狐"，全覆盖、零容忍，反腐败斗争压倒性态势已经形成并巩固发展。这是全面从严治党的主战场。习近平在第十八届中央纪律检查委员会第五次全体会议上代表中央昭告全党："人民把权力交给我们，我们就必须以身许党许国、报党报国，该做的事就要做，该得罪的人就得得罪。不得罪腐败分子，就必然会辜负党、得罪人民。是怕得罪成百上千的腐败分子，还是怕得罪十三亿人民？不得罪成百上千的腐败分子，就要得罪十三亿人民。这是一笔再明白不过的政治账、人心向背的账……对腐败分子，我们决不能放过去，放过他们就是对人民犯罪、对党不负责任！"党的十八大以来，以习近平同志为核心的党中央，坚持严厉惩治腐败的高压态势不放松，让搞了腐败的人付出代价。2018年，据有关方面统计，被绳之以党纪国法的"老虎"约400人。短短5年，党领导的反腐败斗争取得的显著成效，就成功地挑战了西方国家和全盘西化论者认为的中国共产党反腐败的不可能。

为什么中国共产党能够成功地挑战西方国家和全盘西化论者认为的中国共产党反腐败的不可能呢？这是因为执政的中国共产党不是西方国家搞政党政治那样有党派私利的政党，而是除了全心全意为人民服务的宗旨和为实现共产主义的远大理想外，没有任何其他的不正当利益的特殊政党。它既要接受党外监督和群众监督，同时还要坚持自我净化、自我批评、自我纠错、自我革命的机制。它所具有的先进性和纯洁性是任何其他政党无法比拟的。腐败现象完全背离中国共产党的宗旨，与它的先进性和纯洁性是不相容的。全面从严治党，自我革命，切除毒瘤，是它的先进性和纯洁性使然。既然中国共产党是这样一个始终追求先进性和纯洁性的政党，那么全面从严治党就永远在路上。

从实践看，在宗旨和目标一致的前提下，若对中国共产党的方针政策有不同意见，是党内的，可通过民主集中制来解决；是党外的，则可通过协商民主来解决。因此，在中国只能是中国共产党长期执政。但是，这并非一党独裁，因为还有拥护宪法和中国共产党领导的其他多党参政，大家共同来把国家建设好、把社会治理好。这就是中国的具体国情，也是新型政党制度的特殊政情。离开这个具体国情和特殊政情来抽象地谈论什么"两党制"，没有任何意义，也搞错了地方。那种鼓吹只有"两党制"才能够反腐败的观点的要害，是将中国共产党完全混同于西方国家那种有一党一派私利的资产阶级政党了。这是搞错了对象。因此，我们决不能用西方的政党政治理论来看待中国政治，来认识中国共产党和它创造的新型政党制度。

党的十八大以来，以习近平同志为核心的党中央进行反腐败斗争取得的胜利，证明中国共产党完全有能力反腐败；反了腐败，党未亡、国也未亡，并焕发出新的强大生机活力，党的面貌实现了惊天逆转。如果说党的十一届三中全会后的纠正"左"的错误，是党的路线问题的拨乱反正；那么党的十八大以来反对"四风"和反腐败斗争取得的伟大成就，则是党的作风建设的一次拨乱反正。全面从严治党的理论和实践，为解决中国共产党的腐败变质走出"历史周期率"初步找到了秘诀。

习近平新时代中国特色社会主义思想是怎么创立的？在我们国家，中国共产党是社会主义各项事业的领导核心，党的建设对各方面建设具有根本指导意义。全面从严治党是场伟大的自我革命，校正了党和国家前进的航向，解决了党和国家事业发展带有全局性、根本性、方向性问题，这就使以习近平同志为核心的党中央能以全新的视野深化对中国共产党执政规律、社会主义建设规律、人类社会发展规律的认识，从理论和实践结合上系统回答新时代坚持和发展什么样的中国特色社会主义、怎样坚持和发展中国特色社会主义这个重大时代课题的一系列基本问题，从而创立了习近平新时代中国特色社会主义思想。它将当代中国马克思主义提到了新的高度，实现了马克思主义的基本原理同当代中国实践和时代特征相结合的又一次历史性飞跃。

三、习近平新时代中国特色社会主义思想的历史地位

中国共产党近百年来在为实现中华民族伟大复兴的艰苦卓绝奋斗中，形成和发展起来的一个又一个指导思想，是党的顶层创新理论之链。它们之间是一环紧扣一环的，没有前环就没有后环。每一个指导思想之环对那一段历史发展都起到了能够起到的作用。我们不能因历史的变化，时过境迁了，就贬抑乃至否认它。历史唯物主义者应客观地摆平这些指导思想在历史上所起的作用和地位。

同时也要看到，党的各个指导思想的理论分量和历史影响是不一样的。我们既要承认各个指导思想都是理论链条之环，但又不能因为都是理论链条之环就认为它们所起的历史作用都是均等的。"物之不齐，物之情也。"从党领导革命、建设和改革走过的历史道路不难看出，尽管党的各个指导思想都是马克思主义中国化理论成果，但是它们在丰富和发展马克思主义基本理论方面所达到的高度是不完全一样的，有的是全方位的丰富和发展，有的则主要是部分领域若干专题性的丰富和发展。党的十九大报告指出："中国特色社会主义进入了新时代，意味着近代以来久经磨难的中华民族迎来了从站起来、富起来到强起来的伟大飞跃。"就党的指导思想而言，如果说毛泽东思想主要是引导中华民族站起来了，邓小平理论、"三个代表"重要思想和科学发展观主要是引导中华民族富起来了，那么习近平新时代中国特色社会主义思想则是指引中华民族强起来的主要标志。这是历史前进之秤的衡量，也是人民心中的天平。

应当怎样科学把握习近平新时代中国特色社会主义思想的历史地位呢？

首先，要明确习近平新时代中国特色社会主义思想面临的是什么

样的时代课题和它是怎样回答这个时代课题的。党的十九大报告指出，这个重大时代课题"包括新时代坚持和发展中国特色社会主义的总目标、总任务、总体布局、战略布局和发展方向、发展方式、发展动力、战略步骤、外部条件、政治保证等基本问题，并且要根据新的实践对经济、政治、法治、科技、文化、教育、民生、民族、宗教、社会、生态文明、国家安全、国防和军队、'一国两制'和祖国统一、统一战线、外交、党的建设等各方面作出理论分析和政策指导"。这是个前所未有的世纪性课题，对它的回答还在继续。党的十九大报告还指出，围绕这个重大时代课题，以习近平同志为核心的党中央"坚持解放思想、实事求是、与时俱进、求真务实"，"紧密结合新的时代条件和实践要求，以全新的视野深化对中国共产党执政规律、社会主义建设规律、人类社会发展规律的认识，进行艰辛理论探索，取得重大理论创新成果"。这讲的是党中央怎样回答上述时代课题而形成习近平新时代中国特色社会主义思想的。对这个重大时代课题的回答也还在继续，将贯穿整个新时代的历史过程。这样重大的时代课题，是多少年难得一遇的，甚至是可遇不可求的。以习近平同志为核心的党中央，"遇"到了，把握住了，创造奇迹，党和国家发生历史性变革，中国特色社会主义进入了新时代。

其次，应充分和科学地认识习近平新时代中国特色社会主义思想的历史地位。习近平新时代中国特色社会主义思想，涉及领域覆盖全面，科学内涵异常丰富，具有鲜明的时代性、革命性、实践性特征。就理论传脉来说，它是对党的以往的指导思想理论的继承和发展，是中国特色社会主义理论体系的重要组成部分。有人提出疑问：讲习近平新时代中国特色社会主义思想是中国特色社会主义理论体系的重要组成部分，是否没有充分说明它的历史地位？不能这么说。因为邓小平理论也包括在中国特色社会主义理论体系之中。党的十九大报告明确指出："中国特色社会主义是改革开放以来党的全部理论和实践的主题。"这就是说，改革开放以来的历史，都是中国特色社会主义发展的历史。因而，在这段历史中创新的指导思想都属于中国特色社会主义理论体系的重要组成部分。如果说邓小平理论是中国特色社会主义理论体系的本源理论，那么习近平新时代中国特色社会主义思想则是中国特色社会主义理论体系的最新理论。

最后，应高度评价习近平新时代中国特色社会主义思想在中国特色社会主义迎来从站起来、富起来到强起来的伟大飞跃过程中所起的巨大作用。从国内看，习近平新时代中国特色社会主义思想是指引实现民族伟大复兴中国梦征程、实现党担当新的历史使命的理论灯塔；从国际看，中国特色社会主义道路、理论、制度、文化的不断发展，拓展了发展中国家走向现代化的途径，给世界上那些既希望加快发展又希望保持自身独立性的国家和民族提供了全新的选择，为解决人类问题贡献了中国智慧和中国方案，进一步张扬了科学社会主义的世界影响力。新时代中国特色社会主义进一步坚持推动构建人类命运共同体，中华民族始终做世界和平的建设者、全球发展的贡献者、国际秩序的维护者，有很强的世界影响力。

习近平新时代中国特色社会主义思想，既是马克思主义中国化的最新理论成果，也继承和吸收中华民族优秀传统文化，蕴含着丰富的中华民族价值共识、精神追求、政治智慧、历史经验，是马克思主义基本原理同中华传统文化精华相融合的最新理论结晶。它是中华民族的灿烂瑰宝，必将在中华民族历史上大放异彩。它还会在党进行具有许多新的历史特点的伟大斗争的新征程上不断丰富和发展，将马克思主义中国化推向更高境界。

中国梦：习近平治国理政新思想的伟大引擎①

党的十八大以来，以习近平同志为核心的党中央，提出并践行一系列治国理政新理念新思想新战略，丰富和发展了中国特色社会主义理论体系。这是马克思主义中国化的最新理论成果，对于落实党的十八大提出的全面建成小康社会、推进社会主义现代化、实现中华民族伟大复兴三大历史重任，具有科学理论指导和行动指南意义。而党的十八大以来一系列治国理政新理念新思想新战略的源头，就是习近平提出的中国梦。中国梦是本届党中央治国理政新思想的伟大引擎。在它的引擎下，党的十八大以后党和国家的发展进入一个新阶段。

一、中国梦：点石成金的巨大能量

2012年11月底，习近平提出中国梦，坚信到中国共产党成立100年时全面建成小康社会的目标一定能实现，到新中国成立100年时建成富强民主文明和谐的社会主义现代化国家的目标一定能实现，中华民族伟大复兴的梦想一定能实现。中国梦道出了一代又一代中国人奋发图强的心声，成为时代最强音。

中国梦不仅表述简明通俗，能起到鼓舞人民的作用，更在于它有

---

① 该文是作者为上海《文汇报》撰写的，于2016年12月25日发表。

丰富的内涵，凝聚了新一代领导人的顶层战略思想。这个顶层战略思想的意义在于：

中国梦使实现中华民族伟大复兴的宏伟目标接了地气。"实现中华民族的伟大复兴"的概念是时任中共中央总书记的江泽民在庆祝建党80周年时首次明确使用的。此后，无论是会议文件还是大众传媒都高频率地宣传这个概念。一方面，它对提升民族精气神起了巨大作用，这是必须充分肯定的；另一方面，也不能不说，它在许多老百姓心目中是非常遥远的事，如美丽的月亮在天上，可望而不可即。习近平提出中国梦，就使这个天上的月亮落到人间，接了地气，根植沃土，经过精心培育能够圆梦。

中国梦使党和国家的梦更加成了人民的梦、老百姓的梦、中华儿女的梦。习近平说："中国梦是民族的梦，也是每个中国人的梦。"我们每个人为实现梦想努力拥有广阔的空间，都享有人生出彩、梦想成真的机会。这样质朴无华的表述，相比较于"中华民族的伟大复兴"的说法就不那么抽象，不再感觉它只是党和国家的事，而是与每个人息息相关的责任和愿景。大家会更关注它、献身于它。这样就更能凝聚起为之奋斗的无比强大力量。

中国梦使实现中华民族伟大复兴的宏伟目标明确了路径方略。2013年5月，习近平在回答拉美三国媒体联合书面采访时，强调了四个"必须坚持"，即实现中国梦，一是必须坚持中国特色社会主义道路。中国在这条道路上走了30多年，历史证明，这是一条符合中国国情、富民强国的正确道路，我们将坚定不移地沿着这条道路走下去。二是必须弘扬中国精神。用以爱国主义为核心的民族精神和以改革创新为核心的时代精神振奋起全民族的"精气神"。三是必须凝聚中国力量。空谈误国，实干兴邦。要用13亿中国人的智慧和力量，一代又一代中国人不懈努力，把我们的国家建设好，把我们的民族发展好。四是必须坚持和平发展。我们将始终不渝走和平发展道路，奉行互利共赢的开放战略，不仅致力于中国自身发展，也强调对世界的责任和贡献；不仅造福中国人民，也造福世界人民。这样，中国梦不仅是中国人民的梦，也是有益于世界人民的美丽梦、幸福梦。

中国梦思想的魅力在于，仅仅"中国梦"三个字就具有点石成金的能量。它产生的巨大感召力、凝聚力、"核聚变力"，将空前地推进民族复兴的目标早日实现。同时，这个新理念也将党中央治国理政思想提升到新的境界，成为推进历史发展到新的阶段的强大精神动力。正因为如此，它被称为"伟大的中国梦"。

二、"四个全面"战略布局：习近平治国理政思想的核心

怎样实现中国梦？习近平指出，我国是个有着 13 亿多人口的大国，目前仍处于并将长期处于社会主义初级阶段，经济社会发展水平还不强，地区发展和城乡发展还不平衡，人民生活水平还不高，消除贫困任务还很艰巨。他在接受俄罗斯电视台专访时说："治理这样一个国家很不容易，必须登高望远，同时必须脚踏实地。"如果说上面讲的四个"必须坚持"是具有形而上学性质的登高望远思想，那么随后提出的"四个全面"战略布局就是形而下性质具体实施的脚踏实地思想。2015 年 3 月，习近平在会见博鳌亚洲论坛理事会成员说："两年多来，我们立足中国发展实际，坚持问题导向，逐步形成并积极推进全面建成小康社会、全面深化改革、全面依法治国、全面从严治党的战略布局。这是中国在新的历史条件下治国理政方略，也是实现中华民族伟大复兴中国梦的重要保障。"这是对"四个全面"战略布局思想的科学定位。

"四个全面"既是落实中国梦顶层设计的战略布局，又囊括许多新

理念新观点，是习近平治国理政新思想的主体和核心。

首先，"四个全面"战略布局作为一个整体思想具有鲜明的创新性。

党的十八大报告的主题是全面建成小康社会，对全面建成小康社会也提出了新的要求，但对全面小康的内涵没作深入解释。党的十八大报告有全面深化改革思想，但没有提出"全面深化改革"概念。全面依法治国概念虽已提出，但是只在相关一章中作为一项工作被列举的。从严治党在党的建设部分强调了其重要性，也没有形成全面从严治党理念。两年后提出的"四个全面"战略布局不一样了，对它的重视大幅提升。习近平指出，党的十八大以来，我们提出要协调推进全面建成小康社会、全面深化改革、全面依法治国、全面从严治党，这"四个全面"是当前党和国家事业发展中必须解决好的主要矛盾。"四个全面"之间有着紧密的内在逻辑，"是一个总体战略部署在时间轴上的顺序展开"。这表明"四个全面"作为协调推进的战略布局，抓住了纷繁复杂的社会主义建设事业的"牛鼻子"，更加明确了党和国家各项工作的关键环节、重点领域、主攻方向。"四个全面"战略布局，是习近平治国理政思想的重大创新。

其次，在"四个全面"战略布局思想麾下，还有许多具有创新性发展的重大思想观点。

关于"全面小康"的内涵。习近平在党的十八届五中全会对全面小康内涵作出了科学界定。他强调：全面小康，首先是覆盖的领域要全面，是"五位一体"全面进步，现代化建设各个环节、各个方面协调发展；其次是覆盖的人口要全面，是惠及全体人民的小康，没有农村的小康，特别是没有贫困地区的小康，就没有全面建成小康社会；最后是覆盖的区域要全面，是城乡区域共同的小康，要不断缩小居民收入水平、基础设施通达水平、基本公共服务均等化水平、人民生活水平等方面的差距。这三个全面，精准地揭示了全面小康的科学内涵。

关于"推进国家治理体系和治理能力现代化"，即国家治理现代化思想。习近平指出："我们讲过很多现代化，包括农业现代化、工业现代化、科技现代化、国防现代化等，国家治理体系和治理能力现代化是第一次讲。"过去讲的"四个现代化"主要属于经济社会发展基础层面的现代化；国家治理现代化属于社会制度上层建筑，是具有顶端设计性的现代化。它被称为第五个现代化，是对现代化思想的创新性发展。

关于"市场在资源配置中起决定性作用和更好发挥政府作用"思想。党的十四大决定实行社会主义市场经济以来，历届党中央对政府和市场的关系，一直在根据实践拓展和认识深化寻找新的定位。党的十八届三中全会把市场在资源配置中的"基础性作用"提升为"决定性作用"，是对经济社会发展规律认识的巨大飞跃。习近平在会上指出："这是这次全会决定提出的一个重大理论观点"，"是我们党对中国特色社会主义建设规律认识的一个新突破，是马克思主义中国化的一个新的成果"。这个理论创新，将习近平治国理政思想升华到新的高度。

关于"全面推进依法治国"的内涵。党的十八届四中全会通过的《中共中央关于全面推进依法治国若干重大问题的决定》，有许多新思想。比如，将建设中国特色社会主义法治体系明确为全面推进依法治国的总抓手，依法治国各项工作都靠这个总抓手来谋划和推进；强调依法治国首先是依宪治国，依法执政关键是依宪执政，要求健全宪法实施和监督制度、树立宪法权威，决定建立宪法宣誓制度；强调不断加强对行政权力的制约和监督，努力形成科学有效的权力运行制约和监督体系，增强监督合力和实效；强调提高司法公信力，要求司法公正对社会公正发挥重要引领作用。这些新思想，开启了党和国家政治文明风气之先。

关于"坚持思想建党和制度治党紧密结合"思想。这是习近平在2014年10月提出的。1929年12月，毛泽东主持制定的古田会议决议第一次提出了加强党的思想建设问题，因而成为思想建党纲领。1980年8月，邓小平在中共中央政治局扩大会议上作的题为《党和国家领导制度的改革》的讲话中，强调制度问题更带有根本性、全局性、稳定性和长期性，实际上提出了制度治党治国思想。习近平提出的"坚持思想建党和制度治党紧密结合"思想，成为继毛泽东、邓小平之后，对丰富和发展马克思主义党的建设理论具有里程碑意义，是全面从严治党的指导思想。

最后，实施"四个全面"战略布局的一系列新政策新举措，对推进党和国家的历史发展起了举足轻重的作用。

一是提出全面建成小康社会进入决战决胜阶段，对于从根本上改变国家贫困面貌具有重大意义。要实现上述三个全面覆盖，任务异常艰巨。2015年6月，习近平在部分省区市扶贫攻坚与"十三五"时期经济社会发展座谈会上的讲话中指出，脱贫工作如果按过去30多年年均减贫600多万人的速度计算，7000多万人脱贫需要约11年，即到2025年才能实现目标。形势逼人，必须采取力度更大、针对性更强、作用更直接、效果更可持续的措施精准扶贫，才能确保到2020年全部脱贫。提前5年实现这个任务，是国家面貌的重大进步。

二是全面深化改革具有异常的复杂性和艰巨性，标志着经济社会发展进入新阶段。习近平在庆祝海南建省办经济特区30周年大会上发表重要讲话时指出："现在，改革到了一个新的重要关头，推进改革的复杂程度、敏感程度、艰巨程度，一点都不亚于三十多年前。"2014年2月，在接受俄罗斯电视台专访时，习近平指出："容易的、皆大欢喜的改革已经完成了，好吃的肉都吃掉了，剩下的都是难啃的硬骨头。"我们要敢于啃硬骨头，以更大决心冲破思想观念障碍，突破利益固化藩篱。党的十八届三中全会形成的改革理论和政策的重大突破，"必将对推动中国特色社会主义事业发展产生重大而深远的影响"，"标志着社会主义市场经济发展进入了一个新阶段"。

三是全面依法治国要求法治国家、法治政府、法治社会一体化建设，是民主政治建设和政治体制改革的重大举措。在党的十八届四中全会《决定》中，为实现这个"三位一体"建设，提出将190项重要改革举措纳入改革任务总台账一体督办。这是我国民主政治建设和政治体制改革有重要突破的标志。

四是全面从严治党的新要求和反腐倡廉拨乱反正的新成效，使党风、政风和社会风气为之一新。3年来，全面推进从严治党不断加大力度，以抓铁有痕、踏石留印的精神坚忍不拔地常抓不懈。反对"四风"的群众路线教育实践活动和"三严三实"专题教育，横扫陈垢积弊，激浊扬清，许多"老大难"问题得到有效解决。反腐败斗争的深入开展，"老虎""苍蝇"一起打，多少年来多发高发势头的腐败现象第一次得到有效遏制，反腐败斗争压倒性态势正在形成。依规治党与以德治党紧密结合，努力完善党内法规制度体系，实现了制度治党建设大跨越。广大人民群众热烈称赞发生的巨大变化。

党的十八大以来，实施"四个全面"战略布局的一系列新思想新战略新政策新举措，表明党中央对社会主义的认识，对建设中国特色社会主义方略的把握，对中国共产党执政规律的探索，达到了前所未有的高度，将党和国家的发展推到了新的历史时段。

三、五大发展理念：对科学发展观的重大发展

2015年10月下旬，党的十八届五中全会为实现"十三五"时期

发展目标，破解发展难题，厚植发展优势，提出了"创新、协调、绿色、开放、共享"五大发展理念。这五大发展理念，是对科学发展观的重大发展。

第一，这五大发展理念是党的十八大以来以习近平同志为核心的党中央在深刻总结国内外发展经验教训和深刻分析国内外发展大势的基础上形成的。它集中反映了我们党对经济社会发展规律认识的深化，是针对我国现阶段经济社会发展中的突出矛盾和问题提出来的。

第二，这五大发展理念更加突出了创新发展。习近平在党的十八届五中全会第二次全体会议上指出："我国创新能力不强，科技发展水平总体不高，科技对经济社会发展的支撑能力不足，科技对经济增长的贡献率远低于发达国家水平。"新一轮科技革命带来的是更加激烈的科技竞争，如果科技创新搞不上去，发展动力就不可能实现转换，我们在全球经济竞争中就会处于下风。为此，我们必须把创新作为引领发展的第一动力，把创新摆在国家发展全局的核心位置，不断推进理论创新、制度创新、科技创新、文化创新等各方面创新，让创新贯穿党和国家一切工作，让创新在全社会蔚然成风。

第三，这五大发展理念第一次将绿色发展摆在了发展观中的显著地位。提出绿色发展，更加强调解决人与自然和谐共生问题。绿色循环低碳发展，是当今时代科技革命和产业变革的方向，是最有前途的发展领域。习近平在党的十八届五中全会第二次全体会议上的讲话中说："我国在这方面的潜力相当大，可以形成很多新的经济增长点。我国资源约束趋紧、环境污染严重、生态系统退化的问题十分严峻，人民群众对清新空气、干净饮水、安全食品、优美环境的要求越来越强烈。为此，我们必须坚持节约资源和保护环境的基本国策，坚定走生产发展、生活富裕、生态良好的文明发展道路，加快建设资源节约型、环境友好型社会，推进美丽中国建设，为全球生态安全作出新贡献。"

第四，这五大发展理念第一次将开放发展作为发展观的重要内涵。习近平指出："开放发展注重的是解决发展内外联动问题。国际经济合作和竞争局面正在发生深刻变化，全球经济治理体系和规则正在面临重大调整"，"应对外部经济风险、维护国家经济安全的压力是过去不能比拟的"，我们必须奉行"互利共赢的开放战略"，"发展更高层次的开放型经济"，以"一带一路"建设积极参与全球经济治理和公共产品供给，尽快形成对外开放新体制，提高我国在全球经济治理中的制度性话语权，构建广泛的利益共同体，以扩大开放带动创新、推动改革、促进发展。

提出和坚持创新、协调、绿色、开放、共享五大发展理念是关系我国发展全局的一场深刻变革。这五大发展理念相互贯通、相互促进，是具有内在联系的集合体。它提高了对发展认识的水平，开拓了发展观的新境界，必将推动中国特色社会主义事业健康向前，促成"两个一百年"奋斗目标顺利实现，促成中华民族伟大复兴的中国梦早日实现。

中国走近世界舞台中央[①]

——中国特色社会主义进入新时代

党的十九大是在我国全面建成小康社会决胜阶段、中国特色社会主义进入新时代的关键时期召开的一次十分重要的大会。习近平总书记的报告，深刻回答了新时代坚持和发展中国特色社会主义的一系列重大理论和实践问题，描绘了决胜全面建成小康社会、夺取新时代中国特色社会主义伟大胜利的宏伟蓝图，进一步指明了党和国家事业的前进方向，是我们党团结带领全国各族人民在新时代坚持和发展中国特色社会主义的政治宣言和行动纲领，是马克思主义的纲领性文献。

一、新的历史方位的基本内涵

习近平在党的十九大报告中指出：五年来，我们党提出一系列新理念新思想新战略，出台一系列重大方针政策，推出一系列重大举措，推进一系列重大工作，解决了许多长期想解决而没有解决的难题，办成了许多过去想办而没有办成的大事，推动党和国家事业发生历史性变革。在新中国成立特别是改革开放以来取得的重大成就基础上，"经

---

① 本文原题为《新时代与新征程》，收入本书时作了修改。原文是应邀为北京市委党校理论刊物《新视野》撰写的，在该刊 2018 年第 1 期发表。

过长期努力，中国特色社会主义进入了新时代，这是我国发展新的历史方位"。

应当怎样理解中国特色社会主义进入新时代这个"新的历史方位"，也就是说是个什么样的"新的历史方位"呢？

（一）中国特色社会主义进入的新时代在国家的发展史上是三个顶级的历史方位之一。新中国成立近 70 年了。党将近 70 年的某段历史定位为进入"新时代"的不多。1949 年 10 月新中国成立，毫无疑问开启了中华民族历史的新时代。1978 年 12 月召开的党的十一届三中全会，在党的第二个历史决议中定位为新中国成立以来"我党历史上具有深远意义的伟大转折"，是我们党的"新的历史时期"。这毫无疑问又是一个新时代。此后，我们的党和国家在不断发展进步，取得了举世瞩目的成就，但党的多次代表大会文献和其他重要文献再没有对新时期以来哪一段历史节点作出这样高的政治定位。党的十九大宣布"中国特色社会主义进入新时代"，不是一般意义上的进入了某个发展阶段的定位，而应视为与 1949 年 10 月新中国成立和 1978 年 12 月党的十一届三中全会具有同等地位的定位。为什么这三者会具有同等地位的定位呢？报告说的"中国特色社会主义进入新时代，意味着近代以来久经磨难的中华民族迎来了从站起来、富起来到强起来的伟大飞跃"。这应当是最佳答案。1949 年 10 月新中国成立，标志着中华民族站起来了。1978 年 12 月党的十一届三中全会，标志着中华民族进入富起来了的时代。中国特色社会主义进入新时代，标志着中华民族迎来了强起来的伟大飞跃时代。既然如此，"新时代中国特色社会主义"的定位，就属于新中国发展史上最高级别的政治定位了。

当然，中国特色社会主义进入新时代，离不开新中国成立特别是改革开放以来取得的重大成就。党的十一届三中全会拨乱反正、实行改革开放，发出了走自己的路、建设中国特色社会主义的伟大号召。

从那时以来，我们党团结带领全国各族人民不懈奋斗，推动我国经济实力、科技实力、国防实力、综合国力进入世界前列，推动我国国际地位实现前所未有的提升，党的面貌、国家的面貌、人民的面貌、军队的面貌、中华民族的面貌发生了前所未有的变化。正是因为近70年特别是近40年取得的重大成就，所以习近平在党的十九大报告中才指出："经过长期努力，中国特色社会主义进入了新时代，这是我国发展新的历史方位。"

（二）对中国特色社会主义进入的新时代是要"两个全面建成"、实现民族伟大复兴中国梦的新时代。怎样定位中国特色社会主义进入新时代的政治判断，除了刚刚引用过的"中华民族迎来了从站起来、富起来到强起来的伟大飞跃"这段话之外，党的十九大报告中还有一段话说明了这个问题，即"这个新时代，是承前启后、继往开来、在新的历史条件下继续夺取中国特色社会主义伟大胜利的时代，是决胜全面建成小康社会、进而全面建设社会主义现代化强国的时代，是全国各族人民团结奋斗、不断创造美好生活、逐步实现全体人民共同富裕的时代，是全体中华儿女勠力同心、奋力实现中华民族伟大复兴中国梦的时代，是我国日益走近世界舞台中央、不断为人类作出更大贡献的时代"。这段话，包括以下五个方面内涵：

第一，"承前启后、继往开来"。这是强调要正确地理解"新时代"，不能割断历史。一方面，新时代是经过长期努力，在新中国成立特别是改革开放以来取得的重大成就基础上迎来的；另一方面，新时代要继往开来，在新的历史条件下继续夺取中国特色社会主义伟大胜利。

第二，"两个全面"。首先是决胜全面建成小康社会，在此基础上进而全面建设社会主义现代化强国。这是讲新时代中国特色社会主义担当的历史任务。

第三，实现共同富裕目标。邓小平讲社会主义本质有五句话："解放生产力，发展生产力，消灭剥削，消除两极分化，最终达到共同富裕。"目前，我们还处在为实现这个目标的艰苦奋斗和巨大努力的过程之中。全面建成小康社会，还没有完全实现这个目标。只有到了全面建成社会主义现代化强国阶段，才能"逐步实现全体人民共同富裕"。

第四，实现民族伟大复兴中国梦。党的十九大报告讲"是全体中华儿女勠力同心、奋力实现中华民族伟大复兴中国梦的时代"，再次准确无误地说明了这个内涵。中国共产党在新时代的历史使命就是为实现这个宏伟目标而努力。

第五，向世界强国地位走去。党的十九大报告讲新时代"是我国日益走近世界舞台中央、不断为人类作出更大贡献的时代"，就是这个意思。因此，对"久经磨难的中华民族迎来了从站起来、富起来到强起来的伟大飞跃"这个论断要有正确理解。它是一个至少还有30多年的历史过程，不是"实现了"的完成时，而是"迎来了"的开始时。"站起来"已经实现，"富起来"正在实现，"强起来"正开始起步。

以上五点，是"中国特色社会主义进入新时代"的基本内涵，也是对中国特色社会主义进入的新时代从未来发展目标所作的"新的历史方位"的定位。

二、怎样认识社会新的主要矛盾

党的十九大报告有许多新思想新论断新提法新表述，但是改变过去所作的重大历史判断和理论认识的，只有"中国特色社会主义进入新时代，我国社会主要矛盾已经转化为人民日益增长的美好生活需要和不平衡不充分的发展之间的矛盾"。这个改变带有唯一性，因此，它格外引人关注。

同时，党的十九大报告又指出："我国社会主要矛盾的变化，没有改变我们对我国社会主义所处历史阶段的判断，我国仍处于并将长期处于社会主义初级阶段的基本国情没有变，我国是世界最大发展中国家的国际地位没有变。"党的十九大报告讲的这个"变"与"没变"，乍听起来，有点像"悖论"。其实，这是一个问题的两个方面。我们既不能只看到前者的"变"，也不能只看到后者的"没变"。这就是中国特色社会主义进入新时代的重要新特征。

怎样认识当前我国社会主要矛盾的这个变化呢？党的十九大以前对我国社会主要矛盾的定位，最早是党的八大指出的。1956 年党的八大决议指出：我们国内的主要矛盾，已经是人民对于经济文化迅速发展的需要同当前经济文化不能满足人民需要的状况之间的矛盾。这是符合我国实际情况的正确论断。但 1957 年反右派斗争后，1958 年党的八大二次会议改变了这个论断，认定无产阶级同资产阶级的斗争、社会主义道路同资本主义道路的斗争，是我国社会内部的主要矛盾。直到党的十一届三中全会以后拨乱反正，1981 年党的十一届六中全会通过的党的第二个历史决议才重新指出，我国所要解决的主要矛盾，是人民日益增长的物质文化需要同落后的社会生产之间的矛盾。此后，我们党一直坚持这个论断。随着改革开放以来，我国社会生产力的快速发展和人民生活需要的不断变化，对我国社会主要矛盾究竟怎么认识和表述，从 21 世纪开始，不少学者提出了看法，党中央也在思考之中。在起草党的十六大报告、十七大报告和十八大报告过程中，就曾有人提议修改我国社会主要矛盾的表述。那时，一是因为对改与不改，看法很不一致，难以形成共识；二是因为它涉及对社会主义初级阶段的判断，如果改了，我国是否还处于社会主义初级阶段呢？这是一个涉及更宏观、更长远的大判断。把握不好，会犯大错误。因为对社会主要矛盾的表述主要是如何更客观准确地反映我国的现实状况，而对社会主义初级阶段的判断则是最高层面的战略性决策。因此，在党的十九大报告发表前，关于我国社会主要矛盾的认识和对外宣传一直未改。

在准备党的十九大报告过程中，这个问题又重新被提出来了。习近平总书记要求不应急于下结论，要深入调查研究，进行认真细致思考。有关方面按照要求，深入调研，听取各方面意见，进行广泛讨论，最终对当前我国社会主要矛盾的认识趋于一致。这就是党的十九大报告中讲的关于我国社会主要矛盾的新论断。为什么党的十九大报告要作这样的修改呢？最重要的是解开了过去思想认识长期存在的一个死结，将对我国社会主要矛盾的认识与对我国处于社会主义初级阶段的论断紧紧地捆在一起，似乎一改都改了。党的十九大报告的高明之处就在于将两者"松绑"，改一"捆"一。只改对当前我国社会主要矛盾的认识，不改我国仍处于并将长期处于社会主义初级阶段的基本国情的论断。这是思想的一大解放，也是党的十九大报告的一大亮点，在理论认识上是一个重要创新。

怎样理解"我国社会主要矛盾已经转化为人民日益增长的美好生活需要和不平衡不充分的发展之间的矛盾"这个新论断呢？最主要的是它真实地反映了我国改革开放以来所发生的巨大变化，生动地反映了我国进入新时代中国特色社会主义的实际情况。党的十九大报告实际上也对这个问题作了回答："我国稳定解决了十几亿人的温饱问题，总体上实现小康，不久将全面建成小康社会，人民美好生活需要日益广泛，不仅对物质文化生活提出了更高要求，而且在民主、法治、公平、正义、安全、环境等方面的要求日益增长。"这不就是讲的"人民日益增长的美好生活需要"吗？这比过去讲的"人民日益增长的物质文化需要"更贴切、更实在、更生动。报告还说："我国社会生产力水平总体上显著提高，社会生产能力在很多方面进入世界前列。"这是个总论断。这里可以展开说一说，据新华社为迎接党的十九大召开，报道的党的十八大以来我国各项事业发展取得的成就，可以充分地说明这个问题。目前我国经济发展保持着中高速增长，在世界主要国家中仍然名列前茅，比如，国内生产总值已经超 80 万亿元，稳居世界第二，对世界经济增长贡献率超过 30%；城镇化建设进展迅速，城镇化率已超 58%；创新驱动发展战略实施得力，创新型国家建设成果惊人，"天宫""蛟龙""天眼""悟空""墨子"等重大科技项目相继问世；自贸区试点不断扩大，开放型经济新体制逐步健全，对外贸易、对外投资、外汇储备稳居世界前列。我国随着科技不断进步，装备生产日益完善，现在不仅是制造大国，而且正走向制造强国。目前我国已冠有三个世界第一：第一工业大国、第一服务业大国、第一贸易大国。因此，再说"落后的社会生产"实在与现实情况太不相符了。我们不能再固守半个世纪多的论断，而应当与时俱进，因而改变了"落后的社会生产"的说法。

怎么认识我国经济社会发展的"不平衡不充分"呢？对这一点，我们每个人都有深切体会，能讲出一大串。"不平衡"最突出的是：城乡区域发展差距依然较大，城乡居民收入很不平衡，农村和欠发达地区的收入水平赶不上发展水平；地区之间的居民收入也不平衡，东部发达地区、特大城市的收入较高，中西部欠发达地区和农村地区收入较低。所谓"不充分"，主要指群众在就业、教育、医疗、居住、养老等方面存在不少问题，资源分布、服务质量与广大人民群众的要求有相当差距。所以，党的十九大报告说"我国社会主要矛盾已经转化为人民日益增长的美好生活需要和不平衡不充分的发展之间的矛盾"，反映了中国特色社会主义进入新时代后的实际情况。

再说"我国仍处于并将长期处于社会主义初级阶段的基本国情没有变"的问题。我国处于社会主义初级阶段，在 1981 年《关于建国以来党的若干历史问题的决议》中已经有这个认识了，最早明确提出的是党的十三大，在党的十五大又作了进一步的论述。这里最重要的是两个问题：一是弄清楚社会主义初级阶段的基本特征是什么；二是弄清楚社会主义初级阶段的时限是多少。党的十三大和十五大都指出：社会主义初级阶段是逐步摆脱不发达状态，基本实现社会主义现代化的历史阶段。它有八大特征，也是要实施的八大任务①，说白了，就是要改变贫穷落后面貌，改变地区经济社会发展不平稳的状况，建立比较完善的经济政治体制，缩小同发达国家的差距，实现中华民族伟大复兴。改变社会主义初级阶段的状况，实现上述任务，需要多长时间呢？从新中国成立算起，至少需要一百年。对照我国目前的状况，是否还存在社会主义初级阶段的特征呢？显然还有。国家的面貌尽管有很大变化，但还没有完全改变社会主义初级阶段的许多特征，只能说还在继续改变过程之中。这也是习近平在党的十九大报告中所讲的："必须清醒看到，我们的工作还存在许多不足，也面临不少困难和挑战。主要是：发展不平衡不充分的一些突出问题尚未解决，发展质量和效益还不高，创新能力不够强，实体经济水平有待提高，生态环境保护任重道远；民生领域还有不少短板，脱贫攻坚任务艰巨，城乡区域发展和收入分配差距依然较大，群众在就业、教育、医疗、居住、养老等方面面临不少难题；社会文明水平尚需提高；社会矛盾和问题交织叠加，全面依法治国任务依然繁重，国家治理体系和治理能力有待加强……"党和国家要比较好地解决这些问题，让人民群众比较满

---

① 一是要由农业国转变为工业化国家；二是要由自然经济占很大比重转变为经济市场化程度度较高；三是由科技教育文化落后转变为比较发达；四是由贫困人口占很大比重、人民生活水平比较低，转变为全体人民比较富裕；五是由地区经济文化很不平衡，转变为逐步缩小差距；六是建立比较完善的社会主义市场经济体制、社会主义民主政治体制和其他方面的体制；七是建设物质文明的同时努力建设社会主义精神文明；八是逐步缩小同世界先进水平的差距，实现中华民族伟大复兴。

意，还需要相当长时间，因此，我国仍处于并将长期处于社会主义初级阶段的基本国情没有改变。

那么，我国处于社会主义初级阶段的基本国情，什么时候能改变呢？这要取决于两点：一是什么时候社会主义初级阶段的基本特征不存在了，什么时候就可以改变。能够改变它的根据和标准，就是基本实现社会主义现代化任务。二是国际国内的认可程度，特别是国内广大人民群众的认可程度。如果没有形成共识，不同看法的距离还很大，不能形成定论，那就像对待社会主要矛盾的做法一样，宁可等待 15年，到什么时候大家都认为可以改变了再改变，即使晚一点，也没有什么坏处。老百姓满意不满意、认可不认可，这是关键性的一票。因为改变了，我国至少就成为中等发达国家了。

三、新的奋斗目标的战略安排

决胜全面建成小康社会，开启全面建设社会主义现代化国家新征程是党的十九大报告又一个重要亮点。

党的十九大报告指出：改革开放之后，我们党对我国社会主义现代化建设作出战略安排，在人民生活总体上达到小康水平基础上，我们党提出了"两个一百年"奋斗目标。从党的十九大到二十大，是"两个一百年"奋斗目标的历史交汇期。我们既要全面建成小康社会、实现第一个百年奋斗目标，又要乘势而上开启全面建设社会主义现代化国家新征程，向第二个百年奋斗目标进军。此后的战略目标分为两个阶段。从二〇二〇年到二〇三五年，在全面建成小康社会的基础上，再奋斗十五年，基本实现社会主义现代化，这是第一个阶段。第二个阶段就是从二〇三五年到本世纪中叶，在基本实现现代化的基础上，再奋斗十五年，把我国建成富强民主文明和谐美丽的社会主义现代化强国。这两个阶段的战略目标，是十分明确的时间表和路线图。

全面建设社会主义现代化国家新征程的两个阶段战略安排是怎么来的呢？这就要回溯到新中国成立之初了。毛泽东在 1962 年 1 月七千人大会讲话中指出："中国的人口多，底子薄，经济落后，要使生产力很大地发展起来，要赶上和超过世界上最先进的资本主义国家，没有一百多年的时间，我看是不行的。"这实际上就是要实现中华民族伟大复兴的奋斗目标。

党的十一届三中全会后，邓小平在开创中国特色社会主义道路过程中不断思索实现中华民族伟大复兴宏伟愿景的时间表和路线图。他先是提出到 20 世纪末在中国建立一个小康社会。这个小康社会，叫作中国式的现代化。随后他又提出：再用三十到五十年的时间，在经济上接近发达国家的水平，使人民生活比较富裕。"到那时，社会主义中国的分量和作用就不同了，我们就可以对人类有较大的贡献。"① 但在党的十三大召开之前，他又降低了对 21 世纪中叶战略目标，由接近发达国家水平调整为达到中等发达国家水平，并形成正式"三步走"发展战略。以江泽民同志为核心的党中央在 1989 年 6 月主持中央工作后，细化了邓小平的"三步走"发展战略，明确提出"两个一百年"的奋斗目标。这就是党的十四大和十五大提出的：到建党 100 周年时，在各方面形成一整套更加成熟更加完整的制度，使国民经济更加发展，人民的小康生活更加富裕；到 21 世纪中叶建国 100 年时，基本实现现代化，建成富强民主文明的社会主义国家。党的十六大后，以胡锦涛同志为总书记的党中央对党的宏观发展战略虽没作新的调整，但提出科学发展观后，综合国力大幅提升。2002 年到 2011 年，国内生产总值从约 12 万亿元增加到约 48 万亿元，经济总量跃升至世界第 2 位。

---

① 《邓小平文选》第三卷，人民出版社，1993，第 143 页。

党中央明确宣布到 2020 年我们党成立 100 年时建成惠及十几亿人口的更高水平的小康社会，到新中国成立 100 年时基本实现现代化，建成富强民主文明和谐的社会主义现代化国家。

新中国成立到党的十八大以前，党的一代又一代领导人不断绘制的建设社会主义现代化强国的宏伟蓝图和全党带领全国人民经过艰辛奋斗取得的辉煌成就，为习近平在党的十九大提出开启全面建设社会主义现代化国家新征程的战略安排，既提供了重要依据，也奠定了坚实基础。

党的十九大报告指出："从全面建成小康社会到基本实现现代化，再到全面建成社会主义现代化强国，是新时代中国特色社会主义发展的战略安排。我们要坚忍不拔、锲而不舍，奋力谱写社会主义现代化新征程的壮丽篇章！"这里，最重要的是：

首先，要坚持"不忘初心、牢记使命"。这是坚忍不拔、锲而不舍，去奋力谱写新征程的精神支柱。在党的十九大胜利闭幕一周之际，习近平总书记带领中共中央政治局常委专程赶赴上海瞻仰中共一大会址和赶赴浙江嘉兴瞻仰南湖红船，再次强调"共产党人的初心永远不能改变。唯有不忘初心，方可告慰历史、告慰先辈，方可赢得民心、赢得时代，方可善作善成、一往无前"。他还带领全体常委庄严宣誓入党誓词。这个宣誓出乎许多人意料。这究竟是为什么呢？党的十九大报告讲了要开启谱写社会主义现代化新征程的壮丽篇章，常委们专程来上海中共一大会址这个中国共产党的"产床"来宣誓，就是表示奋力谱写社会主义现代化新征程启航了！

其次，要准备进行具有许多新的历史特点的伟大斗争。习近平在许多讲话中都强调这一点。这是因为我们前进的道路不可能是一片坦途，必然会面对各种重大挑战、重大风险、重大阻力、重大矛盾。国际形势处在新的转折点上，世界并不安宁。要折腾和分裂我们国家乃至将战争强加于我们头上的势力还存在。在任何时候都要看到形势变化给我们国家带来的挑战和风险。从国内看，发展不平衡不充分的一些突出问题亟待解决，各种社会矛盾交织叠加，意识形态领域斗争依然复杂，国家安全面临新情况，不安定的因素还不少。我们要居安思危，准备进行具有许多新的历史特点的伟大斗争。对面临的各种困难和挑战，要从最坏处着眼，做最充分的准备。只有这样，才能主动应对各种不测，以尽量小的损失，获得最好的结果。

最后，要作长期艰苦奋斗的不懈努力。中国特色社会主义进入新时代，迎来了从站起来、富起来到强起来的伟大飞跃，成就骄人。但是，全面建成社会主义现代化强国，实现中华民族伟大复兴是一个长期艰苦奋斗的历史过程。习近平在讲中国梦时说过："实现中华民族伟大复兴是一项光荣而艰巨的事业，需要一代又一代中国人共同为之努力。"① 这就是说，它是一个更伟大的愚公移山工程。这就需要弘扬愚公移山精神，子子孙孙持续接力，为全面建成社会主义现代化强国，实现中华民族伟大复兴的中国梦而奋斗！

---

① 习近平 2012 年 11 月 29 日在参观《复兴之路》展览时的讲话。